즐거운
왕따,
나홀로
경제학

즐거운 왕따, **나홀로 경제학**

초판 1쇄 인쇄	2014년 12월 20일
초판 1쇄 발행	2014년 12월 24일

지은이	정성식
펴낸이	전익균

편집장	김진주
마케팅 기획	정우진
교정	허강
디자인	김정
행사 및 매니지먼트	강지철
제작대행	(주)체인지컬러

펴낸곳	새빛북스
	주소 서울시 중구 쌍림동 151-11 쌍림빌딩 6층
	전화 02)2203-1996 팩스 02)417-2622
	이메일 svedu@daum.net 홈페이지 www.bookclass.co.kr
등록번호	제215-92-61832호 등록일자 2010. 7. 12

값 13,000원

ISBN 978-89-92454-11-7 (03320)

이 도서의 국립중앙도서관 출판시도서목록(CIP)은 서지정보유통지원시스템 홈페이지
(http://seoji.nl.go.kr)와 국가자료공동목록시스템(http://www.nl.go.kr/kolisnet)에서
이용하실 수 있습니다. (CIP제어번호: CIP2014035437)

왜 우리는
솔로 이코노미에
주목해야 하는가?

즐거운
왕따,
나홀로
경제학

| 정성식 지음

이 책은 한국언론진흥재단의 저술지원으로 출판되었습니다.

도서출판 새빛
SAEVIT

머리말

신인류의 등장, 1人族

2013년 말, 필자가 라디오 시사 경제 프로그램에 출연을 계기로 경제와 관련된 다양한 뉴스와 정보를 접하던 중, 1인 가구를 중심으로 벌어지는 다양한 비즈니스 현장이 필자의 눈을 사로잡았다. 1인 미디어, 1인 기업, 1인 경제, 솔로 이코노미 등의 명칭으로 1인 가구로 분류되는 솔로들은 이미 빠르게 확산되고 있었고, 소비를 이끌어가는 새로운 주체로 모습을 키워가고 있었다.

21세기를 이끌어가는 신인류라 불리는 1인족들의 생활 모습은 과연 어떠한 형태이며 어떤 영향을 미칠 것인가? 어떤 소비에 그들은 집중하고 관심을 가지는지에 대한 경제적, 비즈니스적인 관점에서 살펴보고 싶은 욕구가 강렬하게 끓어올랐다.

미국의 스탠포드 대학의 폴 데이비드와 브라이언 아서 교수는 '경로의 존성(path dependency)라는 개념을 주창했다. 일정한 경로에 의존해 익숙해진 사람들은 후에 그 경로가 비효율적이라고 생각이 들더라도 그 경향성에서 벗어나지 못한다는 것을 의미하는데, 하지만 저출산과 고령화, 미혼율과 이혼율의 증가로 인해 1인 가구가 급격히 증가하면서 경로의존성은 경로 이탈로 이어지는 것이 요즘의 모습이다.

정해진 경로와 틀 속에서 진화해 왔던 사회구조가 말랑말랑해지고 있다. 특히 우리나라의 1인 가구 증가는 우리보다 먼저 1인 가구를 경험한 스웨덴, 미국, 일본보다 오히려 빠른 모습을 보이고 있다. 때문에 하루라도 빨리 1인 가구의 실체를 인지하고 보다 큰 프레임을 통해 그들을 바라봐야 한다. 어쩌면 우리 가족의 한 구성원일수도 있는 그들과 함께 효율적으로 살아가는 방법이 무엇인지, 그리고 그들이 추구하고 소비하는 트렌드와 문화를 함께 공유해야 한다. 1인 가구와 관련된 비즈니스 영역이 무엇인지를 먼저 찾는 사람은 경로의존성을 벗어나 누구보다도 먼저 달콤한 열매를 차지할 수 있다.

2014년 8월, 통계청자료에 따르면, 우리나라 가계의 월평균 '애완동물 관련물품' 소비액이 2009년 2분기 1494억 원에서 2014년 2분기 3051억 원으로 5년 만에 104.2%나 증가했다. 같은 기간 동안 가계소득이 26% 증가에 그친 것에 비하면 증가폭이 상대적으로 크다. 공원에 나서면 애완동물과 함께 산책하는 가족 또는 젊은 남녀를 보는 것은 흔한 일이 되었다. 이와 함께 애완동물 시장 또한 폭발적으로 성장하고 있다. '이사 갈 때 부인에게 버림받지 않기 위해선 강아지를 꼭 품에 안고 있어라'라고 우스갯소리가 있을 정도로 애완동물에 대한 사람들의 감정은 특별하다.

　그렇다면 애완동물 시장이 확대된 배경엔 어떤 것이 있을까? 무엇보다도 가구구조의 변화를 들 수 있다. 그중 1인 가구가 늘어나면서 애완동물을 키우는 가구도 증가했다는 분석이 지배적이다.

　1인 가구는 이미 우리사회 전반에 걸쳐 소비를 주도하고 있고 소비의 주체로 자리 잡아가고 있다. 2014년 9월 통계청 자료에 따르면, 여성의 경제활동 참가율이 남성을 크게 앞지르는 것으로 나타났다. 2분기 20대 여성의 경제활동 참가율이 64.6%로 20대 남성의 62.0%보다도 2.6%p가 높은 것이다. 여성이 남성보다 2%포인트를 넘은 것은 처음 있는 일이라 한다. 여성의 학력이 고학력화 되고 경제활동과 구직에 적극 참여하면서 2012년 1.5%포인트 차이로 남성을 추월하기 시작했고, 그 격차가 확대되고 있는 것이다. 중요한 것은 여성들의 경제활동 참여율 증가가 1인 가구 증가에 영향을 미친다는 점이다. 스스로 독립할 수 있는 경제적 여건이 마련되고 있기 때문에 혼자 생활하는 여성이 늘고 있고, 이는 1인 가구 확대에 크게 기여하고 있다.

　결혼하면서 경력이 단절된 여성들의 사회복귀도 빨라지고 있다. 이혼에 대한 부정적인 인식이 희석되면서 '돌아온 싱글'로 새출발하는 여성이 늘게 되었고 자연스럽게 사회복귀율을 높였다.

2011년 KB연구소의 자료에 따르면, 1인 가구의 증가 추세는 젊은 세대를 중심으로 결혼관이 변화하고 초혼 연령의 상승과 더불어 혼인율 하락 및 이혼율 상승 등으로 싱글족이 증가한 데 기인하다고 밝혔다. 특히 1인 가구의 63.9%는 여성이 차지할 정도로 그 비중이 높아졌다고 분석했다.

한국보건사회연구원도 「가족구조 변화와 정책적 함의(2012)」라는 보고서를 통해, 1인 가구가 증가하는 배경으로 정보사회의 진전과 개인주의적 가치관의 심화, 청년세대의 결혼과 변화 및 초혼 연령의 상승, 노동시장의 경쟁구조로 인한 대도시 중심의 취업 기회, 가족 재생산비용의 증가, 인구의 고령화와 평균수명 연장으로 인한 독거가구 및 혼자 생활하는 기간의 증가, 부양에 대한 가치관 변화 등의 다양한 사회구조적 원인이 존재한다고 밝혔다.

지난 2103년 12월, 1인 가구의 주거와 관련된 조사(이음생활연구소)가 20~30대 1인 가구 3천여 명을 대상으로 진행됐는데, 재미난 결과가 나타났다. 우선 1인 가구로 사는 것이 자의에 의한 것인지 타인에 의한 것인지를 묻는 질문에 대해, '자의에 의한 결정'이 54%로 조사되어 절반 이상이 본인 스스로 혼자 살아가는 삶을 결정한 것으로 나타났다. 1인 가구로 생활할 때 좋은 점에 대해서는 '간섭 받지 않는 자유로운 생

활'이라고 답한 사람이 42%로 1위를 차지했고 출퇴근 시간 절약(37%)
과 사생활 보장(14%)이 그 뒤를 이었다. 그런데 가장 충격적인 사실은,
'1인 가구의 삶을 다시 선택한다면?' 이라는 질문에 88%의 응답자가 '다
시 선택한다' 로 답한 것이다.

가구 규모별 구성비 변화 (1980~2010년)

연도	1인가구	2인가구	3인가구	4인가구	5인이상	평균 가구원수
1980	4.8	10.5	14.5	20.3	49	4.55
1985	6.9	12.3	16.5	25.3	39.0	4.09
1990	9.0	13.8	19.1	29.5	28.7	3.71
1995	12.7	16.9	20.3	31.7	18.4	3.34
2000	15.5	19.1	20.9	31.1	13.4	3.22
2005	20.0	22.2	20.9	27.0	10.0	2.90
2010	23.9	24.3	21.3	22.5	8.1	2.70

(출처 : 통계청, 인구주택총조사 전수, 해당년도 / 단위 : %, 명)

　　1인 경제의 흐름을 학문적으로 논하기엔 시간적인 한계가 있다. 신학
에서는 인간의 역사를 6000년으로 보고 과학에서는 약 50억 년 정도로
보고 있지만, 기원후부터 시작해 현재까지의 시간을 기준해 보면 우리
들은 2천 년이 조금 넘는 역사를 살아왔다. 그런데 이 기간을 통틀어 1
인 가구가 가장 많았던 시기는 다름 아닌 최근 50여 년밖에 되지 않는
다. 때문에 1인 가구에 대한 정확한 분석과 데이터를 찾고 비교하는 것

은 큰 의미가 없다. 즉 역사적 교훈을 얻기에는 너무나 짧다는 것이다. 오랜 시간 동안, 학습을 통해 검증된 자료가 없기 때문에 1인 가구에 대한 연구와 조사는 지금부터 시작이라고 말해도 틀린 말은 아니다. 하지만 짧은 기간 동안 1인 가구는 무서울 만큼 빠른 성장속도를 보여주고 있다. 스쳐 지나가는 일시적인 바람이 아닌 해안가 지형을 바꿀 만한 거대한 에너지를 품은 채 파도가 되어 우리에게 밀려오고 있다.

우리나라 전체가구 중 이미 4분의 1을 차지해버린 1인 가구. 그들의 현재 모습과 이들로 인해 변화하고 있는 주변의 모습을 살펴보는 것이 이 책을 저술하게 된 동기다. 학문적인 탐구가 아닌 호기심을 바탕으로 한 사회현상에 대한 탐구다. 우리가 함께 살아가야 할 미래는 과연 어떤 모습으로 우리에게 다가올 것인가? 가족의 개념이 사라진 자리에 1인 가구는 과연 어떠한 모습으로 서있을 것인가? 진지하게 한 번쯤은 생각해볼 필요가 있다.

삼성경제연구소의 조사(2013.7.23)에 따르면, 지난 2006년 기준해 국내 민간 소비규모 487조 원 중에 1인 가구의 소비는 16조 원(3.3%)에 그쳤지만 2010년엔 60조 원(11.1%)에 달했다고 한다. 특히 2010년 기준 월평균 소비지출 규모가 4인 가구의 경우엔 68만 1000원인데 반해, 1인 가구는 그보다 많은 88만 8000원을 소비했고, 이 수치는 2030년쯤엔 119만 8000원까지 오를 것이라고 전망했다. 1인 가구가 소비시장의 핵심으로 부상한다는 점을 시사한다.

1인 가구는 혼자 사는 사람들이다. 혼자이지만 의식주에 있어서 다른 가구들과 그렇게까지 차이가 없다. 때문에 이들에게 '가구'라는 호칭을 붙여준다. 하지만 이들에게 향한 시선은 호기심과 걱정보다는 편견을 더 담고 있다. '혼자 사는 것은 외로운 것이며, 불안하고 무서운 것이며, 뭔가 성격상 이상한 것이며, 남자친구나 여자친구를 만들지 못하는 뭔가가 부족한 것이다'라고 생각한다. 그들을 보면서 붙여주는 긍정적 단어는 오로지 '자유로움'밖에 없다.

2013년 국내 대형 온라인 쇼핑몰에서는 상반기 온라인 쇼핑 트랜드를 'SHIFT'로 정의했다. 이는 1인 가구 증가(Smaller Homes), 셀프족 확산(Handyperson), 먹방 상품(Family, Fun food), 수입상품(Imports), 이상기후(Temperature)의 앞 단어를 조합한 것이다. 이 중 1인 가구의 증가는 쇼핑문화의 이동(SHIFT)을 가져온 주요 원인 중의 하나로 꼽히고 있다.

'혼자 산다는 것'은 과연 어떠한 시각에서 바라봐야 할까?

혼자 사는 사람들의 비중이 너무나 커지고 있다. 그들의 소비력에 시장이 움직이고 있고 그들의 요구에 맞춰 시장이 변하고 있다. 혼자 먹기 좋은 개량형 소형 수박이 등장하고, 대학의 구내식당도 1인을 위한 식탁이 생기고 있다. 이는 호기심, 혹은 혼자 있는 외로운 솔로들을 위한 배려 차원이 아니다. 그들의 소비문화를 간파하고 발 빠르게 움직인 결과가 현장에 반영된 것이다. 외로워 보이지만 절대 외롭지 않은 1인 가구들의 비밀스러운 움직임이 이제는 대중 속으로 파고들고 있다. 혼자 있음을 즐기는 사람들, 왕따지만 즐거운 왕따들, 그리고 그들이 좋아하는 서비스와 물건들에 주목해야 한다. 이 책을 통해 1인 가구들의 현재모습을 살펴보고 미래를 조망하고 준비하는 계기가 되길 간절히 희망한다.

책을 출간하는 데에 그동안 정신적인 힘이 되어주신 한국경제TV의 송재조 대표이사님과 임상희 이사님, 방규식 본부장님, 함께 고민해주고 격려해 주신 김형배 팀장님과, 양동현 파트장님, 동료여러분, 흔쾌히 출판을 결정해주신 새빛 출판사의 전익균 대표님, 그리고 언론인들에게 좋은 책을 출판할 수 있도록 기회를 만들어주신 한국언론진흥재단 읽기문화팀 관계자 여러분께도 깊은 감사의 마음을 전한다.

아울러 집필하는 1년여의 시간 동안 함께 놀아주지 못해도 불평 한마디 없이 옆에서 파이팅을 외치며 저술을 도와준 씩씩한 아들 민수와 예쁜 공주 민교, 그리고 늘 옆에서 묵묵히 힘이 되어준 아내 임경화 님과 부모님께 감사함을 전한다.

2014년 8월 가족실에서

즐거운 왕따, 나홀로 경제학 **차례**

Ⅰ. 미디어 속 솔로 이야기

Ⅱ. 생활 속 솔로 이야기

Ⅲ. 나홀로 7인 7색

20만 년 그리고 60년

〈〈결혼은 미친 짓이다〉〉라는 제목으로 개봉했던 영화를 기억할 것이다. 이후 같은 제목의 노래가 유행할 정도로 결혼에 대한 현대인의 가치관은 상당한 변화를 맞게 된다. 더불어 이혼이라는 개념도 사회적인 압박감이 줄어들면서 솔로, 돌싱 등 혼자임을 의미하는 단어가 당당해진 시대 속에 우리는 살고 있다. 주위를 둘러보면 솔로라는 호칭 속에 살아가는 사람들을 쉽게 찾아볼 수 있다. 친구의 친구, 아는 사람의 친구, 뉴스나 혹은 방송에서만 듣거나 볼 수 있었던 사람들이 아니고 이제는 친척 중에 심지어는 내 가족 구성원 중에 솔로를 찾아보는 일은 그리 어렵지 않다.

아프리카의 세렝게티를 상상해보자

드넓은 초원을 뛰어다니는 코뿔소와 기린, 끝도 없이 높아만 보이는 하늘에서 유유히 맴돌고 있는 독수리 떼들, 악어는 언젠가 잡아먹을 먹이를 기다리며 하염없이 입을 벌리고 있고 원숭이는 나무 위에서 한가롭게 새끼의 털을 고르고 있다. 그런데 호시탐탐 기회를 엿보는 동물이 있다. 바로 사자와 호랑이다. 주로 가족의 형태로 몰려다니는 사자는 단독으로 사냥에 나서기보다는 무리를 지어 먹잇감을 찾아내 공격하는 습성을 가지고 있다. 사자 한 마리가 무리에서 이탈하면 우리가 생각하는 것과는 아주 다르게 볼품없고 힘없는 맹수로 전락할 수 있다. 무리와 함께 있을 때는 강하지만 혼자가 되면 꽁무니를 빼기 바쁘다. 자신보다 몸집이 작은 하이에나 몇 마리 앞에서도 혼자 있다면 꼬리를 내리고 도망가는 모습을 자연다큐멘터리 등, TV프로그램을 통해 쉽게 볼 수 있다.

 하지만 호랑이는 다르다. 무리를 지어 다니기보다는 혼자 다니기를 좋아한다. 혼자이기에 늘 거칠고 호전적이다. 혼자서 먹이를 구하고 혼자 지내는 것을 좋아한다. 혼자라는 약점을 극복하기 위해 스스로가 강해져야 했다. 그래서 사자와 호랑이가 일 대 일로 싸우면 호랑이가 이길 것이라는 대답이 우세하다. 1인 가구를 동물로 비유하면 호랑이라고 말할 수 있다. 혼자 다니는 것을 좋아하고 주변 동료와 어울리는 것 같지만 결국엔 고고하게 혼자 서 있는 것을 선택한다. 사는 모습도 개성에 따라 자유롭다.

사자는 대개 두세 마리의 수컷과 여러 마리의 암컷이 무리를 이루어 산다. 덩치로 보나 힘으로 보나 사자 한 놈도 천하무적인데 떼 지어 다니니 어느 누가 덤벼들겠는가. 호랑이는 표표히 강호에 홀로 다니며, 사냥도 혼자 한다. 그렇기에 사자와 호랑이가 붙으면 불공정 게임이 되기 십상이다. 설사 만난다고 해도 사자 떼와 호랑이 한 마리의 싸움이 될 것이 뻔하다.

《『상식의 반전 101』/김규회 지음〉

　　최근 삼성경제연구소가 발표한 〈인구와 가계통계로 본 1인 가구의 특징과 시사점〉 보고서에 따르면, 2012년 현재 우리나라 전체 가구에서 1인 가구가 차지하는 비중이 25.3%였다. 이는 통계청의 조사와도 큰 차이가 없다. 쉽게 비약한다면 4명 중 1명이 1인 가구라는 것이다. 그런데 해가 지날수록 이 비중은 지속적으로 늘어날 전망이다. 국회 입법조사처에 따르면, 2050년에 1인 가구가 전체의 37%에 이를 것으로 집계되었기 때문이다.

1~2인 가구는 지난 1990년 22.8%에서 2010년 48.2%로 늘어난 반면, 4~5인 이상 가구는 같은 기간 58.2%에서 30.6%로 줄었다. 〈한국보건사회연구원/2014.9.26〉

  1인 가구라는 용어 자체엔 모순이 있다. 보통 가구라 함은 2인 이상의 가족을 의미해온 것이 보통의 정서였다. 하지만 1인 가구는 혼자 사는 사람들을 지칭하고 그들 스스로도 그렇게 부르곤 한다. 1인 가구는 다양하게 분류될 수 있다. 애인이 없이 혼자 지내는 솔로들이 가장 대표적인 1인 가구라 할 것이고 한 번 또는 여러 번 결혼이라는 대표적인 사회적 연대 속에 들어갔다 나온 이혼남, 이혼녀, 즉 돌아온 싱글남녀도 1인 가구에 포함된다. 이혼은 아니지만 어쩔 수 없는 사별의 아픔을 겪은 이도 싱글남녀로 복귀한 사람이다.

  1인 가구는 더 이상 특별한 가구가 아니다. 찾아보기 어렵지도 않다. 주변에서 흔히 볼 수 있고 매일 만나기도 한다. 친구일 수도 직장동료일 수도, 가족일 수도 있다. 굳이 의식하지 않더라도 그들의 존재는 일상 속에서 아주 익숙한 모습으로 자리하고 있다. 그런데 그들의 비중이 커지면서 경제 흐름에도 변화가 나타나고 있다.

서울시정개발연구원은 1인 가구를 크게 4가지로 분류하고 있다.

첫 번째로 산업예비군이다.

이들은 20대가 주축인데, 주로 사회에 첫발을 내딛기 위해 준비하는 취업준비생을 말하고 대학생과 청년실업자들도 여기에 포함된다. 이들은 3D 업종을 기피하는 경향이 강하며 개인주의적인 성향도 지니고 있다. 경제가 불안해 부모의 그늘을 떠나지 못하는 캥거루족도 여기에 포함된다. 생활이 안정되지 않고 부모로부터 확실하게 독립하지 못한 이유로 이들이 소비는 기본적인 의식주에 머물고 있고 소비의 흐름을 바꿀 만큼 큰 영향력을 지니고 있지 않다.

두 번째는 독신자다.

일반적으로는 자발적인 독신자가 대부분이다. 하지만 최근에는 자신의 의지와는 다른 비자발적 독신자가 늘고 있다. 30대 후반에서부터 50대에 이르기까지 다양하게 분포되어 있는데, 자녀의 교육을 위해 어쩔 수 없이 떨어져 지내는 기러기아빠가 그렇고, 이혼으로 가구가 분리된 이혼 남녀가 그렇다. 이혼을 전제로 결혼하는 경우는 없기 때문에 이들도 비자발적 독신자로 정의하는 것이 타당하다. 그리고 마지막으로 경제적인 이유로 어쩔 수 없이 가족과 떨어져 지내는 구성원들도 비자발적 독신자다.

세 번째는 은퇴이후 홀로된 삶을 살아가는 고령의 노인들이다.

실버세대라 통칭되는 고령자 집단을 들 수 있다. 특히 혼자 사는 독거 노인은 국가적으로나 사회적으로나 보호해야 할 대상이기에 1인 가구 정책을 수립하는 정부 입장에서도 신경을 많이 쓰는 대상이다. 이미 우리나라가 고령화 시대로 접어들었기 때문에 간과할 수 없는 문제이며, 향후 지속적으로 해결을 위해 다양한 방법과 노력이 동원되어야 한다. 하지만 경제력이 있는 실버세대는 상황이 좀 다르다. '자식들에게 일찌감치 재산을 물려주는 것만큼 바보짓이 없다'라는 생각이 이미 팽배해 있다. 100세 시대를 맞아 건강이 허락하는 한 자신의 재산은 스스로 관리한다. 경제적인 여유가 있기에 독신의 삶도 그럭저럭 누릴 만하다. 사회생활할 때만큼은 아니더라도 소비는 지속적으로 유지한다. 고령화 시대를 이끌어가는 주체답게 이들의 소비도 주목받고 있다.

마지막으로 황금빛 골드세대다.

골드미스, 골드미스터로 불리는 이들은 30대 초반에서 40대까지 분포되어 있으며, 주로 전문직에 종사하는 솔로들이다. 화이트컬러 종사자가 대표적이다. 지난 2005년을 기준해 10년 동안 이들은 2배 이상의 성장률을 보일 정도로 몸집을 불리고 있다. 개인주의적인 삶이 이들에겐 우선되며 무엇보다도 직장에서의 성공, 사회적인 성취가 다른 어떤 것보다도 우선한다. 따라서 그들에게 결혼은 부차적인 일이며 필수가 아닌 선택사항이다. 결혼에 대한 집착이 없기 때문에 우울한 싱글이 아닌 화려한 싱글로 자신만의 영역을 개성 있게 구축해 나간다. 과거엔 노총각, 노처녀라는 딱지가 붙어 다니던 그들이었지만, 이제는 당당하게 골드라는 수식어가 앞에 붙는다. 이들의 소비가 시장의 판도를 바꾸기 시작하면서 이들에 대한 평가도 긍정적으로 변하기 시작했다. '골드'라는 말이 이미 이를 증명한다. 골드는 누구나 선호하고 가지고 싶은 '황금'이기 때문이다. 골드라는 단어가 상품이나 과일 등에 붙으면 높은 가격에 판매되는 프리미엄 상품이 된다. 골드세대는 적극적인 소비를 통해 자기만족을 달성하며 도시의 새로운 문화와 가치를 이끌어가는 주인공이 된다. 결국 그들의 소비에 따라 경기의 죽고 삶을 판단하기도 한다.

'화려한 싱글'이란 말이 한국에 상륙한 건 1994년이다. 미국 잡지 편집장 헬렌 걸리 브라운의 책, 『나는 초라한 더블보다 화려한 싱글이 좋다』가 출간되면서 독신 신드롬이 시작됐다. 98년에는 재력을 갖춘 전문직 독신 여성을 가리켜 '골드 미스'란 표현도 등장했다. 〈국민일보/2014.11.13〉

'인간은 혼자 살아갈 수 있을까?' 라는 철학적인 질문에 대한 대답은 이미 오래전에 제시됐다. 플라톤과 함께 고대 그리스 최고의 철학자로 불리는 아리스토텔레스는 다음과 같은 말을 남겼다. '인간은 사회적 동물이다'(Man is a social animal). 그리스어로 된 문구에는 '사회적(social)'이 아닌 '정치적(politikos)' 으로 표기되었지만 영어로 번역되면서 사회적으로 바뀌었다는 이야기도 전해진다. 정치적이든 사회적이든 두 단어

속에는 '함께'라는 의미가 내포되어 있다. 사람은 태어나면서부터 관계라는 보이지 않는 끈으로 이어진다. 가족이라는 관계에서 시작해 성장하면서 사회라는 관계로 끈의 길이는 길어지고 또한 많아지기도 한다. '인간은 사회적 동물이다'라는 문구는 인간의 본성과 주변 환경을 가장 잘 표현한 것으로 2천 년이 넘도록 진리로 여겨져 왔다.

그런데, 고요한 호수에 돌을 던진 이가 나타났다. 100년도 안 된 짧은 기간 동안, '인간은 사회적 동물이다'라는 명제에 '과연 정답일까?' 라는 의문을 갖게 한 이는 바로 솔로들이다. 하지만 인류 역사를 통틀어 이들이 가장 많았던 시기가 60여 년도 채 안 되는 최근 동안이었기 때문에, 20만 년 동안 집단생활을 해온 인류의 역사를 놓고 볼 때 양적 비교만으로 역사적인 교훈을 살펴본다는 것은 불가능하다.

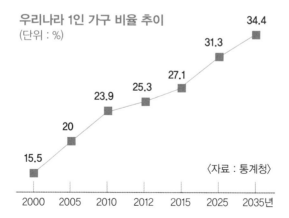

우리나라 1인 가구 비율 추이
(단위 : %)

34.4
31.3
27.1
25.3
23.9
20
15.5

〈자료 : 통계청〉

2000 2005 2010 2012 2015 2025 2035년

시즌이 시작되는 프로야구 경기에서 개막경기에 선 두 팀은 그 해 선수들의 기량을 살펴볼 기회가 없다. 다른 어떤 팀보다도 정보과 경험치가 낮기 때문이다. 결국 상대팀에 대한 정보와 경험은 이제부터 치러지는 경기를 통해 얻어내야 한다.

1인 가구의 역사도 이런 관점에서 살펴봐야 한다. 그들이 모습을 보이기 시작한 것은 얼마 되지 않았다. '혼자 사는 사람들은 인생에서 실패하거나 도태된 사람이다'라는 생각에서 '혼자 사는 사람들이 좋아하고 잘 먹는 것이 무엇일까?'로 생각을 전환해볼 필요가 있다. 1인 가구의 역사는 짧지만 확대되는 속도는 생각 이상으로 빠르다. 1인 가구의 과거를 분석하고 연구하는 일은 현재로서는 큰 의미가 없다. 이제 시작이기 때문에 현재와 미래를 중심으로 살펴야 한다. 그들이 사는 곳에서 새로운 비즈니스가 열리고 있다.

즐거운 왕따, 나홀로 경제학

I

미디어 속 솔로 이야기

"1인 가구는 우리가 그것을 어떻게 받아들이느냐에 상관없이 뚜벅
뚜벅 다가오고 있는 우리 사회의 '확정된 미래'다."

– 염유식 연세대 사회학과 교수

삐삐 롱스타킹은 즐거운 왕따였다

현대인들이 마치 누에코치(cocoon)처럼 자신만의 세계에
머물러 있으려고 한다. [코쿠닝 족]

　'말괄량이 삐삐(Pippi Longstocking)'는 지금 우리나라에서 40세 전
후의 나이를 살고 있는 사람들에겐 평생을 잊지 못할 추억 속 친구다.
1969년에 첫 전파를 탄 이후 전 세계 아이들과 어른들에게도 사랑을 받
았다. 삐삐는 스웨덴의 대표적인 여성 동화작가인 아스트리드 린드그렌
(Astrid Lindgren)이 쓴 아동소설의 주인공으로서, 1945년 첫 권이 나
온 후로 총 여섯 권의 책을 통해 전 세계에 알려졌다. 이후 1969년 스웨
덴에서 TV 시리즈로 제작되면서 큰 인기를 끌게 됐고 1977년에는 우리
나라 안방극장에 소개되면서 삐삐 신드롬이 일어났고 40년이 훌쩍 넘은
오늘날에까지도 다양한 채널과 방식으로 방영되는 베스트셀러이자 스
테디셀러다.

이야기는 푸른 눈과 빨간 머리칼, 그리고 주근깨가 가득한 아홉 살 소녀 잉거닐슨(Inger Nilsson)이 조그마한 마을로 이사를 오면서 시작된다. 엉뚱하지만 무서운 괴력을 가지고 악당을 순식간에 무찌르는 어린 소녀 삐삐의 모습은 전 세계 어린이들을 순식간에 TV 앞에 불러 모은다. 아무도 살지 않아 곧 쓰러져갈 것 같은 폐가에 원숭이, 말 한 마리와 살아가는 삐삐 롱스타킹. 사람으로는 꼬마 숙녀가 유일하지만 혼자만의 삶을 즐긴다. 그러던 중 어린 소녀에게 다가온 유일한 친구가 있었으니, 이웃집의 토미와 아니카 남매다. 부모님의 간섭에서 벗어나고 싶은 그들과 이미 부모로부터 독립한 삐삐는, 만난 순간부터 친구가 되고 시리즈가 끝날 때까지 깊은 우정을 쌓는다.

그런데 어린이를 위해 꿈과 모험을 소재로 총 13부작에 걸쳐 제작된 이 드라마 속 삐삐의 이미지는 항상 밝지만은 않다. 아니카 남매가 떠난 자리에 쓸쓸하게 원숭이와 이야기하는 모습이 자주 비친다. 친구가 곁에 있지만 결국은 혼자인 삐삐의 모습이 드라마 속에서 강하게 비치는 것이다. 보호자여야 할 아빠조차도 오히려 삐삐의 도움을 받는 짐스러운 존재로 전락한다. 그렇다면 삐삐를 탄생시킨 작가는 이런 어린 소녀의 이미지를 통해 무엇을 말하려 했을까? 왜 삐삐 롱스타킹은 혼자 살아가고 이웃들에게 거추장스럽고 말썽꾸러기의 이미지로 그려졌을까? 방송을 본 이후 37년 만에 갖게 된 의문이다.

삐삐 롱스타킹(Pippi Longstocking)은 삐삐 시리즈의 주인공 이름이다. 삐삐라는 이름은 삐삐의 실제 이름이 너무 길어서 불편하기 때문에 아빠가 붙여준 별명이다. 실제 이름은 삐삐로타 델리카테사 윈도셰이드 맥크렐민트 에프레임즈 도우터 롱스타킹(영어: Pippilotta Delicatessa Windowshade Mackrelmint Ephraim's Daughter Longstocking)이다. 스웨덴어 원문에서의 실제 이름은 삐삐로타 빅투알리아 룰가디나 크루스뮌타 에프라임스도텔 롱스트룀프이다.

주근깨가 난 얼굴에 빨간머리의 소녀이며 이름처럼 무릎을 넘는 긴 양말과 커다란 구두를 신고 다닌다. 삐삐의 말에 따르면, 엄마는 천국에 있고 아빠는 식인종의 왕(실제는 해적선장)이다. 뒤죽박죽 빌라(스웨덴어: Villekulla villa)에서 동거인이 없이 혼자 살고 있으나 닐슨 씨(스웨덴어: Herr Nilsson)라는 원숭이 한 마리와 말 아저씨(스웨덴어: Lilla Gubben)라고 부르는 말 한 마리와 함께 지낸다. 집에는 가방 한 가득 금화가 있어 돈 걱정 없이 넉넉하게 살고 있다(위키백과).

의문의 해답을 당시 스웨덴의 사회적 모습에서 찾아보기로 했다.

스웨덴은 1인 가구가 전체가구의 48%를 넘어선 대표적인 1인 가구 국가로 잘 알려져 있다. 드라마가 제작되었을 무렵에도 1인 가구 비중은 상당히 높았고 특히 1960년부터 80년 사이에 1인 가구의 수가 2배로 급격히 증가하기도 했다. 이를 두고 미국의 사회학자인 데이비드 포페노(David Popenoe)는, "스웨덴은 세계에서 가장 빠른 속도로 핵가족에서 벗어나는 나라"라고 말했을 정도다. 이런 시대적인 상황이 작가의 상상 속에서 탄생을 준비하는 삐삐의 외형적 모습에 영향을 미쳤을 것으로 추측된다. 하지만 작가는 고독한 삐삐의 이미지에 친구와 능력을 덧붙였다.

아침부터 밤까지 그녀 곁에는 이웃인 아니카와 토미 남매가 함께한다. 원숭이 '닐슨' 씨도 그림자처럼 붙어 있다. 어리지만 초인적인 괴력이 있고 가방 속에는 늘 금화가 가득하다. 외롭게 혼자 살고 있지만 그녀는 친구와 경제적인 능력에 누구도 이길 수 없는 힘까지 갖고 있다. 혼자 살지만 당당하고 능력 있는 어린 소녀의 모습은 40여 년이 흐른 지금도, 우리 주변에서 흔히 찾아볼 수 있는 1인의 모습이다. 9세 소녀 삐삐는 이제 50대 후반을 바라보는 중년의 여인이 되었다. 영화 제작이 끝나고 그녀 또한 가족과 친구들과 함께 평범한 삶을 살아왔으리라. 하지만 추억 속에 살아 있는 삐삐 롱스타킹은 여전히 혼자서도 씩씩하게 살아가는 주근깨 빨간머리 소녀로 남아 있다.

화려하고 당당하게, 섹스앤더시티의 그녀들

화성에서 온 남자, 금성에서 온 여자
틀림이 아닌 다름으로 인식할 때 이들의 이야기는 시작된다

'솔로'라는 말에선 어떤 이미지가 떠오르는가?

사람들이 가장 먼저 떠올릴 이미지는 아마도 '자유'가 아닐까?

전 세계 마니아 시청자 층을 확보하고 있고 수년 동안 연속적인 시리즈물이 나올 정도로 시청자의 관심이 정열적이며 각별한 드라마가 있다. 바로 〈〈섹스앤더시티〉〉다. 솔로지만 솔로보다 더 화려한 개성을 뽐내는 당당한 커리어 우먼 4인방의 솔직하고 대범한 이야기. 시청자들은 TV속에 비친 그녀들의 일상을 엿보고 그녀들과 함께 아슬아슬한 연애의 즐거움을 대리만족한다. 그런 그녀들이 스크린을 통해 다시 태어났다.

중동을 무대로 하여 화려한 일상탈출을 시도하는 스토리가 전개되는 영화 〈〈섹스앤더시티2〉〉. 자유를 찾아 떠난 뉴요커 4인의 이야기는 그녀들의 의상만큼 화려하게 전개된다. 화려한 솔로의 삶을 살았던 그녀들이 다시 돌아왔다. 하지만 솔로가 아닌 유부녀와 미혼모의 신분으로 말 이다.

결혼만으로도 행복하게 살 수 있을 것이라 여겼지만 텔레비전 시청이 일과가 되어버린 소파귀신 남편 빅에 실망한 성 칼럼니스트 캐리(사라 제시카 파커 분)와, 결혼 후 두 딸을 두었지만 '보모 없이 혼자 아이를 키우는 엄마는 세상에서 가장 위대하다'고 말하며 자신의 처지에 힘들어하는 화랑 딜러 샬롯(신시아 닉슨 분). 여전히 지적이고 이성적이며 합리적인 이미지를 지켜내고 있지만 잘난 여자만 보면 못마땅해 하는 직장상사 때문에 은근 스트레스가 많은 변호사 미란다(크리스틴 데어비스 분)와, 광고회사의 간부로 성공한 섹시한 건강미의 사만다(킴 캐트롤 분)까지, 대표적인 뉴요커들의 4인4색 이야기 무대는 뉴욕이 아닌 중동의 아부다비로 이동한다.

하룻밤 숙식비만 2만 달러가 넘고 각자의 매니저가 24시간을 돌봐주는 럭셔리한 호텔. 전용 해변과 비치클럽, 스파와 나이트클럽까지 그녀들 앞에는 상상 이상의 광경들이 그림처럼 펼쳐진다. 그 속에서 그녀들은 유부녀의 옷을 벗어던지고 자신만의 시간을 갖기 위해 노력한다.

거침없이 독립적이고 섹시한 솔로의 대표 아이콘 4인방 '캐리, 사만다, 샬롯, 미란다.' 아기 엄마가 되고 유부녀가 되었지만 여전히 그녀들의 싱글리즘은 강력한 매력을 지니고 있다. 〈영화/섹스앤더시티2〉

상대방의 사적인 시간을 인정하고 서로를 배려하는 부부가 늘고 있다. 살을 부대끼며 지내야 부부라는 말도 이젠 과거의 말이다. 각자의 개성을 존중하고 최소한의 자유 시간을 인정하는 것이 부부의 미덕으로 인정받는 시대인 것이다. 결혼했다고 해서 언제나 가족과 함께 있어야 한다는 생각은 과거의 고루한 생각이 되었다.

가족을 남겨 두고 혼자 여행을 떠나는 사람들이 늘어나고 있다.

육아와 가사에 지친 아내에게 하루 정도 휴가를 줘 쉬게 하는 남편들, 짧은 시간 동안의 가족 탈출권을 부여한다. 가족의 개념이 자나 깨나 함께 해야 한다는 개념이 신세대를 중심으로 변하고 있다. 이것은 개인주의가 아닌 개인존중주의다. 혼자만의 구역을 인정하고 넘지 않으려는 것, 솔로 이코노미에서 살펴볼 수 있는 개념이다.

여성은 1인 가구 증가에 큰 영향을 미쳤다.

좀 더 구체적으로 말하면 여성의 지위의 상승이 영향을 미쳤다. 20세기 후반에 들어서야 여성들은 남자들과 함께 교육을 받을 수 있게 되었다. 교육받는 여성이 증가하면서 사회로 진출하는 여성의 수도 급격하게 증가하게 된다. 수동적으로 살아왔던 여성들이 그동안의 관행에서 벗어나기 시작했다. 가사를 돌보는 책임은 여성에게 있고 사회생활은 남성이 주로 한다는 고정관념은 깨지기 시작했다. 보호받는 여성에서 스스로를 보호하고 통제할 수 있는 여성으로 자리 잡아갔다. 활발한 사회활동과 직장생활을 통해 변화와 발전을 모색하며 소비와 생산을 리드하는 경제의 일원으로 활동하기 시작했다. 여성의 사회진출이 활발해지면서 여러 가지가 변하기 시작했다.

우선 결혼에 대한 관념부터 변하기 시작했다. 결혼보다는 개인적 시간을 더 소중히 하면서 결혼 시기가 늦춰지고, 결혼 후 별거나 이혼에 대한 고정관념도 느슨해졌다. 미국의 경우, 이혼율이 19세기 중반부터 꾸준히 증가하다가 1960년대에 빠르게 상승하더니, 2000년에는 1950년의 2배가 되었다는 조사 결과도 있다. 50년 만에 벌어진 일이다. 우리나라도 예외는 아니다. 절대적 금기 사항이었던 이혼은 영화나 TV속에서 자주 등장하는 소재가 됐다. 남편이 죽으면 평생 독수공방해야 한다는 이야기는, 이제는 호랑이 담배 피던 시절의 이야기가 되었다.

지난날 이혼은 식구들이 얼굴을 제대로 들지 못하게 하는 부끄러운 일이었다. 가족 중에 이혼한 사람이 있으면 아예 없는 사람처럼 취급되기도 했다. 하지만 세상이 변했다. 변해도 아주 크게 변했다. 이혼한 돌싱남녀들이 자신의 처지를 당당 밝히고 활동하는 사회다. 오죽하면 돌싱남녀를 연결해주는 TV프로그램도 등장했겠는가?

우리나라의 사회는 변했다. 지금 이 순간에도 변하고 있다. 정부나 조직의 힘이 변화를 이끄는 것이 아니라 사회구조가 달라지면서 사람들의 생각도 변하기 시작했다. 대가족에서 다인 가구로, 그리고 핵가족과 1인 가구 형태로 쪼개지면서 사람들의 생각은 달라졌다.

많은 사람들의 생각이 달라졌으니, 이제는 우리가 변할 차례다.

변화된 환경을 인지하고 먼저 달려가 기다려야 한다. 따라가기만 해서는 뒤처질 수 있다. 상황을 예견하고 대비할 수 있는 혜안을 지녀야 한다. 1인 가구의 등장이 그것이며 그들로 인해 벌어지는 다양한 비즈니스 환경이 우리가 먼저 가서 기다려야 할 대상이다.

즐거운 왕따, 김씨 표류기

아, 심심하다… 더 이상 바랄 게 없는 완벽한 심심함입니다
〈〈〈김씨 표류기〉〉의 정재영의 대사 중에서〉

    무능함으로 직장에서 버림받고 여자 친구로부터 버림받은 김씨(정재영 분)는 사채업자에게 갚아야 할 돈 2억 원을 남기고 한강으로 투신한다. 하지만 눈을 떠보니 그가 도착한 곳은 한강 안에 있는 생태보호구역인 밤섬이다. 그런데 이곳은 사람이 들어갈 수도 살 수도 없는 무인도다. 죽기 위해 투신했으나 살아 있는 자신을 비관해 다시 죽기로 각오하고 나무에 넥타이를 매기 죽기 일보 직전, 갑작스럽게 밀려온 설사가 그를 죽음으로부터 다시 멀어지게 한다. 죽기 위해 안간힘을 써보지만 반복되는 실패, 결국 살아야겠다고 마음을 바꿔 먹는다. 생각이 바뀌니 세상을 보는 눈도 변하기 시작했고 그의 무인도 생활이 달라졌다. 우연히 발견한 죽은 물고기와 비둘기로 배를 채우면서 삶에

이해준 감독의 영화 《김씨 표류기》는 자살을 결심하고 한강에 뛰어든 남자 주인공이 한강 밤섬에 표류하면서 겪는 에피소드가 중심이다. 이탈리아 베네치아에서 개최된 제12회 우디네극동영화제(Udine Far East Film Festival)에서 관객상을 수상했다

대한 희망을 다시 찾는다. 고립된 섬에서 삶의 의지를 불태우면서 지저분한 주변은 어느새 따뜻한 보금자리로 바뀌게 된다.

그런데 그를 지켜보는 이가 있다. 얼굴에 화상을 입은 뒤 자신의 방에서 3년째 은둔하고 있는 그녀(정려원 분)다. 전형적인 히키코모리다.

히키코모리: 1970년대 일본에서 등장하기 시작한 용어로 사회생활에 적응하지 못하고 집안에만 틀어박혀 사는 은둔형 외톨이를 말하는데, 1990년대에는 사회적인 문제로 떠올랐다. '틀어박히다'는 뜻의 일본어 '히키코모루'의 명사형이다. 2001년부터 일본 후생성에서는 6개월 이상 외부와 단절된 채 은둔형 외톨이로 지내는 사람들을 히키코모리로 분류하고 있다.

가족과도 단절한 채 살아가는 그녀의 유일한 취미는 달과 텅 빈 거리를 멀리서 망원렌즈를 통해 촬영하는 것이다. 그러던 어느 날 우연히 그녀의 카메라에 포착된 김씨. 그런데 무인도에서 혼자 살아가는 김씨의 행동은 굳게 닫힌 그녀의 마음의 문을 열게 되고 그녀 또한 김씨에게 새로운 희망의 불씨가 던져 준다.

영화 《〈김씨 표류기〉》는 낙오된 1인에 대한 이야기다. 성공하지 못하고 사회에서 왕따 취급을 받았던 그들. 한 명은 자살까지 시도했지만 이마저도 실패했고, 한 명은 3년이 넘게 자기 방에 틀어박혀 가족과 휴대폰 문자로만 대화할 정도로 철저히 분리된 삶을 산다.

하지만 영화는 시간이 흐를수록 터널을 빠져나와 밝은 곳으로 향하는 느낌을 준다. 그렇다고 근본적으로 섬이나 방을 탈출하는 것은 아니다. 극 중에서 배우 정재영은 오히려 자신을 가둬둔 섬을 자신의 보금자리로 받아들인다. 자신만의 왕국을 벗어나지 않기 위해 필사적으로 도망치기도 한다. 영화는, 한없이 힘없고 나약한 인간이 혼자서도 얼마든지 살아갈 수 있고 도저히 상상하지 못하는 일까지 성사시키는 모습을 보여줌으로써, '혼자도 잘 살 수 있다'는 점을 코미디적인 상상력을 활용해 전달한다. 영화의 주인공인 '김씨'의 표류는 사실상 표류가 아니다. '정처 없이 떠다니는 것'이 표류의 의미지만, 표류의 마지막은 항상 도착점이 있는 것처럼 솔로를 대리한 《김씨 표류기》도 자신만의 분명한 목적지를 가지고 있다.

1인 가구는 외로움의 대명사로 인지되어 왔다. 물론 지금까지의 이야기다. 하지만 이 영화를 통해 본 1인 가구의 현재와 미래 모습은 절대 그렇지 않다. '외로운 왕따'가 아닌 '즐거운 왕따'의 모습을 주변에서 찾아보는 것은 그리 어려운 일이 아니다. 솔로들은 나름대로 바쁜 생활을 하고 있다. 누구와 함께 하지 않아도 스스로를 위해 소비하고 경험한다. 이것이 즐거운 왕따들의 나홀로 경제학을 주목해야 하는 이유다.

TV속 혼자들, 나 혼자도 잘 살아요

10여 년 전 '웰빙'이라는 신조어는 전 세계 모든 사람들의 의식과 생활패턴을 바꿔 놓았다. 힘들도 어렵게 살아온 7080세대가 주축이 되어 여기저기서 웰빙을 외쳤다. 몸에 좋은 음식점 앞에 손님들이 줄을 서 기다리고 힐링이 되는 문화공간과 레저 활동 장소에는 늘 사람들이 붐볐다. 그야말로 웰빙 바람이 거세게 몰아쳤다.

웰빙이란 말을 군이 하지 않아도 사람들 뇌리에 깊게 박힌 생활습관이 된 지 오래다. 먹는 음식이 웰빙이며, 놀이문화가 웰빙이고 쉬는 자체가 웰빙이다. 사람들의 호기심과 관심, 그리고 지속적인 경험이 끊어지지 않아 웰빙은 현재를 살아가는 사람들의 기본적인 생활이 됐다.

웰빙은 솔로들을 통해 더욱 견고해지고 확대되기 시작했다.

과거엔 결혼하지 않고 혼자 살거나 이혼한 후 혼자 사는 것은 드러내고 싶지 않은 일로서, 당사자와 집안 식구들에겐 치부거리로 여겨졌다. 비난거리가 될 수 있으니 가족들도 혼자인 구성원이 외부로 노출되는 것을 탐탁지 않게 생각했다. 하지만 시대가 변했다. '부끄러운 솔로'가 '당당한 솔로'로 나타난 것이다. 웰빙은 이런 변화에 일조했다.

얼마 전 케이블TV인 tvN을 통해 방송된 〈식샤를 합시다〉라는 프로그램을 기억할 것이다. 국내 최초로 1인 가구의 생활 모습을 음식이라는 소재를 통해 구체적으로 보여준 프로그램이었다. 드라마의 보편화된 스토리 구조는 이 프로그램에서는 찾아볼 수 없다. 즉, 권선징악이나 한국적인 정서가 담긴 것이 아닌, 혹은 사회적 비난을 유발할 수 있는 막장스타일이 아닌, 1인 가구가 관심을 가지는 이른바 먹거리에 대해 집중했다.

드라마의 주인공인 이수경(이수경 분), 구대영(윤두준 분)은 오직 맛있는 음식에 집착하는 캐릭터로 등장한다. 혼자 사는 사람들이 가장 고민이면서도 가장 관심 있는 음식을 소재로 드라마는 구성됐다. 이로 인해 오히려 드라마인지 요리 프로그램인지조차 헷갈릴 정도로 맛있게 먹는 장면이 연출되면서 방송가에서 상당히 뜨거운 소재인

'먹방(먹는 모습을 보여주는 방송)' 대열에 당당하게 합류했다. 본격 먹방 방송인 〈식샤를 합시다〉는 야식 메이트라는 별명을 얻을 정도로 인기리에 방영됐다. 드라마는 끝났지만 먹방을 소재로 한 솔로들의 존재감은 강하게 사람들에게 인지되었으며, 그 열기는 쉽게 식지 않고 있다.

  일본에도 〈식샤를 합시다〉처럼 먹방을 소재로 하여 크게 히트한 드라마가 있다. 〈고독한 미식가〉라는 드라마이다. 드라마 속 주인공이 방문하는 장소는 주로 대중식당으로 도쿄를 중심으로 위치해 있다. 이 드라마는 이탈리아와 프랑스에서도 원작 만화가 발매되어 10만 부 이상이 팔리는 저력을 보여준 작품이다. 2012년 1월, 첫 회가 방송된 이후 현재 시즌4까지 나올 정도로 큰 인기를 끌고 있으며, 일본뿐만이 아닌 우리나라에서도 이 드라마를 패러디한 음식 관련 프로그램이 나올 정도이니, 과연 그 인기를 짐작케 한다.

  수입 잡화상을 경영하는 주인공 이노가시라 고로라는 인물이 맛있는 음식을 찾아 먹는 모습이 방송의 주요 소재로 활용되고 있다. 항상 찾아가는 곳은 대부분이 혼자 먹을 수 있는 자리가 마련된 식당들이다. 그곳에서 그는 최고의 '먹방'을 보여준다. 맛깔스럽게 음식을 섭취하고 그 감동을 시청자에게 고스란히 전해준다. 음식 씹는 소리는 감미로운 음악이 되어 시청자의 귀를 자극하고, 화려한 음식의 색깔은 무지갯빛이 되어 시각을 자극한다.

본격적인 먹방방송 〈식사를 합시다〉

일본의 대표적인 먹방방송 〈고독한 미식가〉

음식으로 느낄 수 있는 오감의 즐거움은 그의 입과 눈빛, 그리고 소리를 통해 시청자들에게 고스란히 전달한다.

1인 가구를 조명하는 예능프로그램이 봇물을 일으키고 있다.

1인 가구들의 당당한 삶을 조명한 TV프로그램이 최근 예능프로그램의 대세로 떠오르고 있다. 그중 눈길을 끌고 있는 것은 케이블 방송인 올리브TV에서 방영중인 리얼리티 프로그램인 〈공동주거 프로젝트 셰어하우스〉다. 셰어하우스는 말 그대로 거주공간을 함께 공유함을 의미하는데, 침실만 별도로 사용하는 것 외에는 거주하는 구성원 모두가 다른 공간을 함께 공유한다. 육체적인 독립은 보장하고 정신적 공유는 강화했다. 하숙의 개념이 좀 더 세련되게 나타난 것이라 생각하면 이해가 빠를 것이다.

이 프로그램엔 10명의 솔로들이 출연한다. 한집에 모여 사는 모습을 보여주기 위해서다. '손호영, 이상민, 우희, 천이슬, 최희' 등 연예인 솔로들이 모여 살며 자신만의 개성을 발산하면서, 서로 의지해서 문제를 해결하는 모습이 전파를 탄다. 특히 이 프로그램에서도 함께 먹는 장면이 자주 등장하는데 함께 먹을 때 느끼는 즐거움이 생각보다 크기 때문이다. 비록 몸은 솔로일지라도 마음만큼은 솔로이고 싶지 않은 사람들이 자신의 생활공간을 함께 공유한다.

MBC의 〈나 혼자 산다〉는 솔로 연예인들의 일상에 초점을 맞추고 있지만 서로의 집을 공유하고 교류한다는 설정이 그 밑바탕에 깔려 있다. 남자 솔로 연예인 7명은 각자의 개성을 드러내며 부대낀다.

이 프로그램에서는 남자 연예인들의 일상을 재미있게 표현하는 데 그치지 않는다. 트렌드를 담고 있고 전달하고자 하는 메시지가 뚜렷한 것이다. 그것은 바로 '나 혼자도 잘 산다'라는 점이다. 자취를 해본 사람이라면 누구나 공감할 만한 내용을 유쾌하게 풀어낸다. 혼자서도 충분히 잘살 수 있다는 점을 프로그램에서는 에피소드를 통해 보여준다. 출연자 파비앙의 경우엔 감기몸살이 걸렸지만 혼자서 밥을 챙겨먹고 한의원을 가는 모습도 담담하게 비쳤다. 혼자 살기 때문에 스스로 해야 할 일이지만 프로그램에선 쓸쓸하거나 외롭지 않다. 오히려 당당한 모습으로 혼자 해결하는 모습이 아름답게 조명되는 것이다.

SBS의 〈룸메이트〉는 독신남녀가 한 집에서 생활하면서 벌어지는 좌충우돌 에피소드로 꾸려진다. 이 프로그램이 강조하는 것도 혼자이지만 함께라는 것이다. 그런데 혼자살기를 좋아하는 솔로들이 왜 함께 모여 살까? 아이러니하지만, 그 이유는 "혼자살기 싫어서"란다. 이는 1인 가구의 진정한 정체성을 보여주는 대목이기도 하다. 셰어하우스를 운영하고 있는 한 시공사의 대표는, "셰어하우스를 찾는 가장 큰 이유

가 혼자살기 싫어서이며, 이는 1인 가구 시대의 역설일 수 있다"라고
말하기도 했다.

KBS의 〈인간의 조건〉이라는 프로그램을 살펴보자. 음식쓰레기 줄
이기, 제한된 물로 1주일 버티기, 휴대폰 없이 살아보기, 원산지 음식
찾아내기 등등, 생활 속 다양한 주제를 통해 시청자의 공감을 이끌어
낸 인기 프로그램이다. 그런데 시즌2에서는 개그우먼들이 출연했다.
그런데 그 특징이 모두가 미혼 여성이라는 점이다. 솔로인 셈이다. 방
송을 통해 함께 생활하고 음식도 만들고, 서로가 좋아하는 것을 함께
나누며 공동생활을 한다. 비록 연출된 상황이지만 한 울타리 안에 모
인 솔로들이 각자의 삶보다는 공동체의 삶을 추구하며 살아가는 모습
이 전파를 타는 것이다.

방송은 시대를 담는 '그릇'의 역할을 하는 동시에 시대의 모습을 시
청자에게 보여주는 '창'의 역할도 한다. 이를 두고 학문적인 용어로 '프
레임(Frame)'이라고 부른다. 최근 방송가를 중심으로 1인 가구, 솔로
들이 출연하는 것은 단순한 아이디어 차원을 넘어선다. 사회적인 분위
기와 시대적인 흐름을 방송으로 표현하고 있는 것이다. 많은 사람들이
이들처럼 생활하고 있기 때문에 미디어에서도 이를 소재로 한 프로그
램을 만들게 된 것이다. 미디어는 현재의 트렌드를 따라간다.

그동안 미디어를 통해 노출된 1인 가구는 좀 더 당당하고 좀 더 럭셔리하게 사람들의 머릿속에 자리를 잡기 시작했다. 칙칙한 골방에 홀아비 냄새 나는 취업준비생과 단 한 번도 연애해보지 못한 모태솔로들은 줄어든 반면, '당당하고 자유롭고 멋지게 인생을 살아가는 솔로'의 모습이 대세로 굳히고 있는 것이다. 1인 가구들은 가족보다는 같은 또래의 사람들과 함께 공유하고 살아가는 데 더 많은 관심을 가지고 노력하고 있다.

뭔프리카? 미디어에
빠진 솔로들… 아프리카TV

먹방이라는 말은 언젠가부터 일상생활 중에 흔히 들을 수 있는 말이 됐다. 예능프로그램에서 출연자의 먹는 모습이 화제가 되자 연예인들은 너도나도 할 것 없이 자신의 먹는 모습을 과시한다. 입을 손으로 가리고 먹던 모습은 사라지고 누가 더 먹음직스럽고 게걸스럽게 먹는지를 놓고 경쟁한다.

카메라 감독은 이를 놓칠라, 출연자의 오물거리는 입 가까이로 렌즈를 이동시킨다. 시청자는 출연자의 얼굴표정과 탄성에 열광하며 대리만족한다. 먹방은 출연자와 시청자를 이어주는 중간자의 역할을 한다. 그런데 이런 먹방이 새로운 미디어를 통해 다양한 모습으로 확대되고 있다. 지금껏 고급스럽고 맛있는 음식을 소재로 한 먹방이 그동안의 대세였다면, 이제는 자기 집 책상이나 소파에서 컵라면 하나를 끓여 먹어도 먹방으로 인정받는다. 무엇을 먹든 간에 먹는 이와 이를 지켜보는 이 사이에는 미묘한 관계가 형성되고 공감대마저 생기게 되는 것이다.

노명우 아주대 사회학과 교수가, "2030세대 1인 가구의 주거 특성상 책상과 식탁이 분리되지 않는 경우가 대부분이라, 밥 먹으면서 컴퓨터를 쳐다보는 습관이 먹는 방송의 인기를 높였다"고 분석할 정도로 먹방은 대세로 자리를 잡았다. TV를 대신할 수 있는 노트북과 태블릿PC, 모바일 기기의 발전도 먹방이 트렌드로 자리 잡게 한 1등 공신이다. 이들 기기를 소유한 1인 가구가 증가하면서 방송시간에 맞춰 TV 앞에 자리 잡는 1인 가구도 감소하고 있다. 이들은 시간과 장소에 구애받지 않고 방송프로그램이나 동영상 콘텐츠를 접할 수 있게 된 것이다.

대표적인 사례가 아프리카TV다.

PC통신 나우콤을 모태로 한 아프리카TV는 W(더블유)란 이름으로 베타서비스를 시행하였고, 2006년 3월 9일 아프리카(afreeca)란 이름으로 인터넷 방송을 정식 오픈했다. 2012년 4월에는 아프리카(afreeca)에서 아프리카TV(afreecaTV)로 사이트 이름이 변경했으며, 누구나 무료로 방송을 할 수 있다는 뜻의 '올 프리 캐스트(all free cast)'가 조합되어 탄생한 이름이 바로 아프리카다. 아프리카TV는 PC나 스마트폰에 간단한 프로그램만 설치하면 누구나 쉽게 방송을 시청할 수 있으며, 자신만의 방송을 만들어 송출할 수 있는 장점이 있다. 아프리카TV는 방송 도중에 시청자가 채팅으로 의견을 내면 방송자키(BJ)가 실시간으로 반영하는 '쌍방향 커뮤니케이션'이 가능한, 그야말로 1인 미디어의 틀이 잘 구축된 플랫폼이다. 이곳에서는 하루 평균 10만 개의 방송이 제작되며, '먹방' 관련 방송도 매일 1500건이 열린다고 한다. 그리고 대략 35만 명의 BJ가 활동하고 있는데, 이 영향으로 2014년 5월에는 하루 평균 350만 명이 사이트를 방문하는 대기록을 세우기도 했다. 그 결과로, 아프리카TV는 2013년에 매출 481억 원에 영업이익 44억 원을 올렸다.

이 회사의 최고운영책임자는, "누구나 방송 마이크를 잡을 수 있는 아프리카TV가 스타를 배출하는 '열린 플랫폼'이 될 것"이며, '1인 미디어 시대의 전성기'를 열어 주류 미디어에 진출하지 못한 끼 있는 인재들을 위해 멍석을 깔아주겠다는 포부를 언론을 통해 밝혔다. 그의 말처럼 미디어 영역에서도 개성 있는 1인들의 움직임은 활발해지고 있다. 실시간 채팅과 개성 있는 BJ들의 진행이 돋보인 게임 방송에선, 대도서관(본명 나동현)·양띵(양지영)처럼 연예인급 인기와 수천만 원대의 월수입을 자랑하는 스타 BJ들이 배출됐다. 2013년부터는 BJ들이 맛있게 음식을 먹는 모습을 보여주는 '먹방(먹는 방송)'이 인기를 끌었다.

회사 설립 20년도 안 되어서 시가 총액 약 3천억 원(2014.9.5기준)

규모의 회사로 성장할 만큼 무서운 성장가도를 내달리고 있는 아프리카TV의 1등 공신은 다름 아닌 BJ들이었다. 1인 미디어를 표방하고 있는 채널 특성상, 혼자서 활동하길 좋아하는 사람들을 중심으로, 먹방, 게임 중계, 스포츠, 시사, 음악 등 다양한 장르의 컨텐츠가 제작되어 송출되었으며, 실시간 채팅으로 24시간 시청자와 소통하고 있다.

아프리카TV에서 동시 시청 최고 기록은 46만 명이라고 한다. 이 정도의 수치면 지상파 방송의 아성을 위협하고도 남을 정도다. 방송 제작에 직접 참여하는 사람이나 단순히 시청만 하는 사람이나, 그들의 수가 기하급수적으로 늘다보니 아프리카TV의 모바일 애플리케이션 누적 다운로드수도 2500만 건을 넘어섰다. 인구수로 단순히 비교하면, 우리나라 전체 인구의 절반이 이 앱을 사용했다는 계산이 나온다.

그야말로 1인 미디어 전성시대라 해도 부족함이 없다. 이를 가능하게 한 것은 역시 PC와 스마트폰이다. 특히 스마트폰을 통해 나만의 채널을 쉽게 만들 수 있다는 장점이 아프리카TV의 거대화에 결정적인 기여를 했다. 현재도 1인들이 만든 새로운 미디어가 매일매일 생겨나고 있으며, 이들의 존재는 이미 뉴미디어 시장에 영향을 줄 정도로 막강해지고 있다.

인기 BJ의 경우엔 실시간 생방송에 1만 여명 이상이 접속을 하고 있다. 이들은 인터넷상의 여론을 좌지우지할 정도로 막강한 잠재력을 가지고 있다. 실제 이들이 동시에 동일한 검색어를 검색했을 때 해당 단어가 포털의 검색어 1위에 까지 오르는 일은 엄연한 사실이다. 또한 마케팅 감각이 있는 사람들은 이미 이런 현상을 비즈니스에 이용하고 있다. 호기심에 시작한 방송프로그램이 인기를 끌면서 마케팅 회사들이 관심을 갖기 시작했고 인기가 높아질수록 홍보를 원하는 회사의 협찬이 증가하면서 1인 미디어가 성공할 수 있다는 가능성을 보여준 것이다. 초기 아프리카TV BJ로 참여했던 초기 멤버들은 재미삼아 방송을 진행했다. 하지만 요즘은 별풍선이라는 방식을 통해 수익을 얻는 1인들이 증가하고 있다. 그만큼 시스템화된 시장의 문이 확대된 것이다. 한편 국내의 한 증권사는 보고서를 통해 아프리카TV가 일본에서 결제 시스템 도입해 2015년에 정식 서비스를 오픈할 것이며, 이를 통해 2016년까지 연평균 영업이익 증가율이 64.7%로 나올 것이라고 전망하기도 했다.

　아프리카TV가 빠른 시간에 시장 진입이 성공한 이유로는 무엇보다도, 1인 가구, 솔로들의 생활패턴과 문화에 주목했다는 점을 들 수 있다. PC방에서 2~3일 동안 나오지 않고 끼니마저 건너뛰어 가며 게임에만 열중하는 사람들이 게임 산업을 부흥시킨 것처럼, 혼자 살거나 아니면 혼자이기에 아무것도 내세울 게 없었던 개인들의 욕구를 대중 앞에 마음껏 발산할 수 있도록 창구를 만들어주었기 때문이다. 솔로들의 적극적인 활동이 비즈니스 환경에 변화를 주고 있다.

나랑 썸타실래요?
썸남썸녀의 등장

　개그우먼 장도연은 팔등신의 큰 키에 미모까지 갖춰 개그계의 여
신 중 한 명이라는 평가도 받는다. 하지만 개그맨이 인기를 끌기 위해
서 외모로 승부하는 데는 한계가 있다. 당연히 개그로 웃겨야 살아남
을 수 있어서, 그녀도 개그우먼답게 망가지고 또 망가진다. 하지만 시
청자에게 인기를 끌고 주목을 받기 위해선 만만치 않는 무명의 설움을
그녀도 견뎌내야 했다. 그런데 그녀에게도 기회가 왔다. 한 개그프로
그램에서 '썸&쌈'이라는 코너를 통해 주목을 받게 되었으며, 한국경제
TV가 제작한 SNS 드라마 〈오렌지라이트〉의 주인공으로 발탁되기도
했다. 그런데 그녀가 등장하는 곳마다 '썸'이라는 단어는 그녀를 대표
하는 브랜드처럼 따라다녔다.

'썸&쌈'에서 시작된 이 말은 유행어처럼 삽시간에 번지기 시작했으며, 인터넷 신조어로 포털에 등재되기도 했다. '썸은 형용사로 영어 'Something'에서 유래된 언어로, 연인 관계는 아니지만 연인 관계로 발전 가능성이 있으며, 좋은 관계를 유지하고 있는 상태를 뜻한다. 원래는 썸씽(Something)이라는 단어로 쓰였으나, 영어 발음과 비슷한 바람에 현재의 단어에 오게 되었고, '썸탄다' 등으로 불리기도 한다. 썸을 타는 남자는 썸남, 썸을 타는 여자는 썸녀라고 불린다.' 라고 한 포털사이트의 백과사전은 정의한다.

썸타는 것은 위의 풀이처럼, 연인 관계 이전의 사람들이 서로에게 호감을 가지고 발전되는 상황을 뜻한다. 이런 관계가 발전하면 연인 사이가 되고 결혼으로 이어질 수 있다. 하지만 최근의 솔로들은 다른 모습을 보여준다. 썸타는 것으로 끝나는 경우가 많다는 점이다. 더 이상의 발전을 스스로 원하지 않는 것이다. 결국 자신만의 영역을 만들어 놓고 더 이상의 접근을 허락하지 않는 것이다. 하지만 공동생활이나 연애 등은 자유롭게 진행한다. 썸타는 것을 자연스럽게 이야기하며 이성 간에 편안한 관계를 유지하려 애쓴다. 가벼운 만남을 유지해 가면서 각자의 개성을 표출하려고 노력하는 것이다.

솔로천국 커플지옥

2010년, 한 개그 프로그램에서 커플을 저주하고 솔로를 예찬하는 "솔로천국 커플지옥" 코너가 인기를 끌었다. 한 종교단체에서 "예수천국 불신지옥"이라고 말하고 다니는 것에서 힌트를 얻어 유머스럽게 만들어낸 말이었는데, 유행어가 될 정도로 시청자들의 인기를 끌었다. 코너를 이끌고 있는 '출산드라'(김현숙 개그우먼)의 우스꽝스러운 연기에 사람들은 박장대소했다. 코너가 진행되는 동안 커플은 솔로들의 공적이 되고 개그가 끝날 때까지 기죽어 있어야 했다.

프로그램의 하이라이트는 성녀(聖女)의 등장이다. 개그우먼 오나미가 성녀 역을 맡아 열연했는데, 그녀는 엄마 뱃속에서부터 솔로인 모태솔로를 대표하는 인물로 등장해서 여신으로 추앙받는다. 비록 개그지만 이 시간만큼은 솔로들만을 위한 시간이 펼쳐진다.

개그 프로그램은 현재 사람들의 관심사가 무엇인지를 살피는 것부터 시작된다. 사람들이 무엇을 먹고, 어떤 색깔과 어떤 디자인의 옷을 입는지에 주목한다. 가족과 직장 동료, 친구와 연인 간의 대화 내용에도 집중한다. 사소한 일도 허투루 보지 않고 그 속에 담긴 의미를 찾아내고 이를 가공해 개그에 쓰일 소재를 만들어 낸다.

솔로천국과 같은 코너도 이러한 과정이 녹아 있다. 움츠려 있는 솔로들이 아닌 당당하고 개성 있는 솔로들의 모습이 담겨 있다. 혼자임을 당당하게 드러내는 것을 넘어서 커플들을 무시하고 그들 위에 군림한다. 개그프로그램 특성상 과도하게 표현된 부분이 많지만 1인 가구 증가로 조성된 사회적 분위기가 잘 담겼다. 비록 개그맨들의 뛰어난 연기로 한동안 인기를 끌다가 현재는 폐지됐지만, 1인 가구의 모습을 잘 반영한 프로그램으로 오래도록 기억될 것이다. 특히 커플에 비해 절대 굴하지 않는 솔로들의 당당함이 프로그램을 통해 전국의 시청자들에게 전해졌다는 점에 의의가 있다. 외롭고 의기소침하고 불안하며, 심지어는 "루저"(패자)로까지 인식되던 솔로 남녀들이 당당하게 어깨를 펴고 세상을 향해 크게 목소리를 외친 시간이었다. 방송이라는 상상적 공간을 통해 전파된 솔로들의 외침이 현실화될 날도 멀지 않았음을 직감하게 하는 대목이다.

"지난 반세기 동안 인류는 굉장한 사회적 실험에 돌입했다. 역사상 최초로 수많은 사람이 연령과 장소, 정치적 신념과 무관하게 싱글턴(singleton)으로서 정착하기 시작한 것이다."

[에릭 클라이넨버그 『고잉 솔로 싱글턴이 온다』]

"1인 가구의 증가는 '결혼을 늦추고 있는 젊은 세대'가 늘었기 때문이란 분석은 일부만 맞다. 노총각·노처녀 기준이 바뀌었다. 결혼하지 않은 사람보다 결혼 후 1인 가구가 된 사람이 더 많다."

[노명우 아주대 사회학과 교수]

"모든 사회는 그 구성원들 각자의 아름다움에 반한다. 자기 자신으로부터 자유로워져라. 그러면 세상의 동의를 얻을 것이다."

[랄프 월도 에머슨 『자립정신』]

"현대 자본주의가 삶의 모든 영역을 합리화하고 있고 냉혹하고 계산적인 문화는 결국 집단의 해체로 이어질 것이다."

[조지프 슘페터 오스트리아 경제학자, 1942년]

"그들은 함께 있으면 서로가 혼자 사는 것을 도와주었다."

[이단 워터스 『도시부족(Urban Tribes』]

"대도시는 개인에게 양적으로나 질적으로나 다른 환경에서는 거의 불가능한 사적 자유를 보장한다."

[게오르크 짐멜 독일 사회학자]

"20세기 초 지역공동체의 속박에서 달아나고 싶어 하는 유대인들을 수용하기 위한 유대인 호텔이 시카고에 속속 출현했다."

[루이스 워스 미국 사회학자]

"동정이나 보호대상과는 거리가 먼 독신여성이 참신하고 매력적인 여성상으로 떠오르고 있다. 거지도 아니고 식객이나 게으름뱅이도 아니다. 그녀는 남에게 받는 사람이 아닌 주는 사람이고, 패배자가 아닌 승리자다."

[헬렌 걸리 브라운 1962년 베스트셀러 『섹스 그리고 독신녀』]

"우리는 개인의 죽음과 관계인, 즉 엄청난 양의 데이터, 충동, 욕구, 그리고 우리가 다양한 세계를 탐색하는 동안 머릿속으로 경험하는 의식들을 관리하는 일에 여념이 없는 직장인의 탄생을 목격한다."

[달튼 콘리 사회학자]

"노부모 역시 당신과 함께 살기를 원하지 않는다. 아직 수입이 있고 주거에 관한 선택권을 가지고 있는 상황이라면 그들은 혼자 사는 쪽을 선택한다."

[뉴욕타임즈]

"자신을 위한 시간이 없다는 것이 오늘날 불안정한 결혼생활을 하는 남녀의 가장 큰 불만 중 하나다. 고독을 느끼는 사람들이 유대감을 느끼는 사람들에 비해 실제로 혼자 보내는 시간이 많은 것은 아니다."

[존 카치오포 미국 심리학자]

"수수께끼 같은 친구여, 말해보아라. 너는 누구를 가장 사랑하느냐? 아버지? 어머니? 나에겐 아버지도, 어머니도, 형제도 없소. 나는 구름을 사랑하오 흘러가는 구름을, 저기 저 찬란한 구름을."

[샤를 보들레르 『파리의 우울』]

"서둘러 순대국밥을 먹어본 사람은 알지, 허기질수록 달래가며 삼켜야 한다는 걸. 체하지 않으려면 안전한 저녁을 보내려면"

[최영미 詩 『혼자라는 것』]

즐거운 왕따, 나홀로 경제학

II

생활 속 솔로 이야기

- 접속하라, 남자1호 여자1호
- 먼나라 이웃나라의 1인 가구들
- 나홀로 경제학, 솔로 이코노미(Solo Economy)
- 왕따 맞아요, 하지만 즐거운 왕따랍니다
- 커져가는 1인 식탁
- 뜨거운 트렌드 세터(Trend setter), 1인族

"쟁점이 되는 특정 기대치로부터 부정적인 방향으로 이탈하지 않는 사람이 정상인(the normals)이다. 하지만 정상인은 양적 다수일 뿐 아니라 헤게모니적 가치관에 순응하는 집단이다"

– 어빙 고프만 사회학자

접속하라. 남자1호, 여자1호

솔로 형, 누나, 동생들 단체미팅 한 번 할까요?
– 2012년 여의도 솔로대첩 주최자

남녀 주인공의 애절한 러브스토리를 인터넷 채팅이라는 새로운 장치에 담아 제작된 영화가 있었다. 바로 한석규, 전도연 주연의 영화 〈〈접속〉〉이다. 1997년 개봉 당시 서울 관객 67만 명이라는 경이로운 흥행성적을 거두면서, 같은 해 개최된 대종상 영화제에서는 최우수작품상으로부터 시작해서, 신인감독상, 조명상, 편집상, 각색상, 남자인기상, 신인여우상까지를 싹쓸이할 정도로 크게 히트했다. 이 작품을 통해서 배우 전도연은 최정상급 스타로 발돋움했고, 주제곡으로 사용된 미국의 여성 재즈싱어 사라 본의 "A Lover's Concerto"가 담긴 영화 OST는 70만 장 이상이 팔려나가 그 기염을 토해냈다. 남녀 간의 사랑이 대면 만남이 아닌 PC통신이라는 사이버상에서도 이뤄질 수 있다는 것을 보여준 최초의 영화로 평가받았다.

　2012년 대단한 사건이 서울 여의도에서 발생했다. 일명 '솔로대첩'이라 불릴 정도로 많은 수의 인원이 참여한 단체 미팅 이벤트였다. 한 대학생이 "솔로 형, 누나, 동생 분들, 크리스마스에 여의도에서 단체미팅 한 번 할까요?" 라는 글을 페이스북에 올리면서 시작된 이 행사는 페이스북의 막강한 소셜네트워크망을 타고 삽시간에 전국으로 퍼져나갔다. 그런데 결과는 엄청났다. 수만 명의 사람들이 여의도 광장에 모여들었던 것이다. 자신의 짝을 찾고 싶어서 현장을 찾은 사람들과 이런 사람들을 지켜보기 싶은 호기심에 현장을 찾은 사람들까지 모여들면서 행사장은 그야말로 아수라장이 됐다. 외신에까지 그 소식이 전해질 정도였고, 많은 사회학자와 평론가, 언론 등에서 이 솔로대첩에 다양한 의미를 부여한 것이다.

　그런데 수많은 젊은 솔로들이 단순한 제안에 적극적으로 반응했던 이유는 무엇일까? 그 해답은 사회적인 분위기에서 찾아볼 수 있다. 경제학자인 우석훈 박사와 『말』지 기자였던 박권일 씨의 공저인 『88만 원 세대』에서는 힘겨운 현실 속에서 살아가는 우리나라 20대를 88만 원 세대로 비유했다. '한국의 20대는 얼마를 벌까?' 라는 질문에 대한 답을 도출해 내면서, 비정규직의 평균 임금 119만 원에다가 20대의 평균 소득비율인 74%를 곱해 나오게 된 금액이 88만 원으로 산정된 것이다. 저자들은, 다른 OECD 국가들에 비해 우리나라의 20대의 독립이 늦어지고 있고, 취업이라는 사회로의 데뷔가 지체되면서 소득에 있어서의 세대 간 불균형이 발생하고 있다고 분석했다.

젊은 남녀가 존재도 모르는 이성을 찾기 위해 대규모로 거리로 나선 것은 취업 준비와 사회적인 독립을 위해 미뤄왔던 연인 만들기에 대한 막연한 기대감이 표출된 결과였다. 그래서 솔로대첩이라는 수식어가 붙었으리라. 하지만 긍정적인 평가도 있다. 본인이 원하는 일이라면 주변의 눈치를 보지 않고 당당하게 나서는 젊은 솔로들의 이미지가 강하게 표현되었다는 것이다. 이 점이 바로, 지극히 독립적이고 자율적이며 개성 있는 시대를 살아가는 모든 생활인들, 특히 1인 가구들과 솔로들에게서 보이는 특징이다.

얼마 전, 수년간 방송을 통해 숱한 화제를 몰고 다녔던 〈짝〉이라는 예능프로그램이, 참가자 중 한 명이 합숙 도중에 자살하는 사건이 발생하면서 아쉽게도 종영하는 사태가 발생했다. 이 일이 벌어지기 전까지 〈짝〉이 만들어낸 유행어 중에서 아직도 회자되는 말이 있다. 참가한 남녀의 이름 대신 붙여진 것인데, 바로 숫자였다. "남자1호, 여자3호…" 개인의 겉모습만을 화려하게 만들어주는 학력과 직장은 숨기고, 이름을 대신해 숫자가 등장함으로써 참가자와 시청자는 화면에 보이는 출연자들의 본연의 모습과 대화에만 집중할 수 있게 된다. 화려한 배경보다는 진심을 다해 상대방의 좋은 점을 찾아내고자 하는 출연자와 제작진의 노력이 깃들여져 있음을 방증한 사례라고 할 수 있다.

〈짝〉이 우리에게 남긴 또 하나의 메시지가 있다. 바로 형식을 떠난 만남과 형식을 떠난 헤어짐이다. 『나 혼자도 잘 산다』의 저자 이상화는 "요즘 젊은이들은 결혼이라는 제도나 관계의 형식 같은 개념 없이도 얼마든지 사랑에 빠진다. 결혼하지 않고 아이를 갖는 경우도 흔히 볼 수 있다. 과거의 연애 절차나 과정을 따라가는 젊은이들은 점점 줄어드는 반면, 그 과정의 일부만 택하는 젊은이들이 점차 증가하고 있는 것이다. 이처럼 연애가 결혼 생활로 이어지는 온전한 과정이 파괴되는 현상은 앞으로도 계속될 것이다"라고 지적했다.

맞는 말이다. 〈짝〉이 이를 증명했다. 나를 드러내기 위해 출연자들은 다양한 아이디어를 짜낸다. 함께 지내는 동료가 자신의 경쟁자임을 분명하게 인지하고 있다. 보편적이고 일반적인 절차를 무시하고 목표를 이루기 위해 과감히 뛰어드는 모습을 보여준다. 일일 데이트권을 따내기 위한 참가자들의 노력은 눈물겹기만 하다. 그런데 여기까지는 일반적인 연애스토리와 크게 다를 바 없다. 하지만 〈짝〉에서만 볼 수 있는 마지막 장치가 있다. 바로 헤어짐이다. 프로그램 규정상 서로 연결이 되지 않으면 더 이상 연인으로 발전할 수 없다. 출연진들은 이 모든 걸 당연하게 받아들인다. 사실 이 모든 과정은 프로그램 제작을 위한 출연자와 제작진과의 사전 약속이지만, 결과를 떠나 쿨하게 받아들이는 것은 이미 1인 가구들, 솔로들에게는 익숙한 상황이다. 쿨한 만큼 개성 있는 인생을 살아간다. 적어도 그들에게는 그러하다.

먼 나라 이웃나라의 1인 가구들

현실적으로 주거 및 생계를
같이하는 사람의 집단… 가구(家口)

　몇 년 전부터인가 1인 가구, 솔로 이코노미, 싱글족, 나홀로족과 같이 혼자 사는 가구에 대한 연구와 보도기사, 관련 서적 등이 심심치 않게 등장하고 있다. 고대 원시사회에서부터 현재에 이르기까지 대부분의 사람들은 가족 혹은 가구의 개념 속에 살아왔다. 게다가 혼자 사는 사람에게 가구라는 말을 붙이는 것은 어법상으로도 맞는 말이 아니었다. 하지만 혼인율이 감소하는 반면에 이혼이나 동거 등의 모습이 증가하고 사회적인 관용이 확대됨에 따라서, 남편과 아내와 자식들로 구성되는 전통적인 가족 개념은 축소되었고, 둘 또는 혼자로 구성되는 소수의 가족, 가구의 개념이 확대되고 있다.

　수백만 년의 인류의 역사에서, 1%도 되지 않은 시간으로 추정되는

100년 남짓의 시간 동안, 1인 가구의 수는 놀라울 만큼의 빠른 증가세를 보이고 있다.

유럽 국가들 가운데 1인 가구의 비율이 가장 높은 나라로는 노르웨이가 손꼽힌다. 이미 2000년 기준으로 전체가구 중 1인 가구의 비중이 38.5%가 넘어섰고, 독일(37.5%), 벨기에(33.0%), 프랑스(32.6%) 등이 그 뒤를 이었다. 프랑스의 수도 파리의 경우엔 거주 인구의 50%가 1인 가구이며, 영국은 2026년이 되면 1인 가구의 비율이 28%에 달할 것으로 추정되고 있다. 이렇게 유럽 국가들의 1인 가구 비중이 큰 데에는 잘 갖춰진 복지제도가 한몫을 하고 있다. 혼자 살아도 부족함 없이 잘살 수 있는 사회적 환경과 제도적 뒷받침이 있었기에 어느 나라들보다도 1인 가구가 빠르게 증가할 수 있었다.

미국도 1인 가구의 비중이 상당히 높다. 1950년대 10% 미만에서 반세기 만인 2005년엔 27%로 세배 가까이 증가했으며 총인구의 9.7%를 차지했다. 미국의 경우도, 프랑스 파리처럼 주요 대도시의 1인 가구 비중이 거의 50%에 육박하는 것으로 추정되고 있다.

우리나라와 여러 가지 상황이 비슷하고 우리보다 인구 구조적으로 10년 정도 앞서는 모습을 보여주는 일본의 경우엔, 이미 2005년에 1인 가구의 비중이 전체가구 중 29.5%를 넘어섰다. 도쿄의 경우엔 42.5%로서 전국과 비교해서 1.4배의 수치를 보이고 있다. 특이한 점은 도쿄 내 남녀 독신자의 비율이 10년간 급격한 증가를 보이고 있다는 점이다. 남성이 2005년에 21.6%인 135만 3천 명, 여성은 17.3%인 109만 1천 명으로 조사되고 있는데, 이는 5년 전인 2000년에 비해 남성은 8.8%, 여성은 14.8%나 높다.

이런 현상은 우리나라도 예외는 아니다. 통계청의 조사에 따르면, 우리나라의 총 가구 수는 2000년에 약 1,431만 가구에서 2010년엔 1,734만 가구로, 연평균 1.9%가 증가한 것으로 나타났다. 그런데 우리나라의 인구가 세계 최저 수준의 출산율을 보이고 있음에도 불구하고 총 가구 수가 늘어나고 있다는 것은, 몸집이 큰 4인 가구보다는 개별적으로 움직이는 1~2인 가구 수가 증가하고 있음을 추정케 한다. 실제로 우리나라 1인 가구 수는 2000년 222만 가구에서 2010년엔 414만 가구로, 불과 10년 동안 2배까지 증가한 것으로 나타났고, 전체 가구에서 1인 가구가 차지하는 비율도 2000년엔 15.5%였던 것이 2010년엔 23.9%로 증가했으며, 2012년 현재, 25%를 넘어섰다.

즉, 네 집 건너 한 집이 1인 가구인 셈이고 2030년쯤엔 이 비율이 3분의 1에 육박할 것이라는 전망도 나오고 있다.

연도별 일반가구 및 1인 가구 현황

자료 : 통계청

	2000년			2005			2010년		
	전체	남자	여자	전체	남자	여자	전체	남자	여자
일반가구	1431만 2000가구	1165만 9000가구	265만 3000가구	1588만 7000가구	1240만 2000가구	348만 5000가구	1733만 9000가구	1284만 2000가구	449만 7000가구
1인 가구	222만 4000가구	94만 5000가구	127만 9000가구	317만 1000가구	141만 8000가구	175만 3000가구	414만 2000가구	192만 4000가구	221만 8000가구
구 성 비	15.5%	8.1%	48.2%	20.0%	11.4%	50.3%	23.9%	15.0%	49.3%

그런데 특징적인 것은 1인 가구 비중에서는 여자가 남자보다 훨씬 높지만 증가 속도 측면에서 보면 오히려 남자 1인 가구가 더 빠르다는 것이며 우리나라의 1인 가구 증가 속도가 유럽이나 미국, 일본에 비해 가장 빠른 모습을 보이고 있다는 점이다.

안전속도를 무시한 과속은 사고발생 가능성을 높이게 마련이다. 마찬가지로 사회제도와 사람들의 인식이 충분히 성숙되지 않은 상태에서 1인 가구의 급격한 증가는 분명 문제점을 드러내고 있다. 1인 가구의 경제적 어려움과 고독 문제, 건강 문제, 그리고 주위 사람들과의 부조화 문제 등이 우리가 해결해야 할 과제로 하나씩 쌓이고 있다. 독거노인의 고독사 문제가 대표적인 경우라고 할 수 있다.

1인 가구 증가 현상은 개별 국가만의 특징이 아닌 전 세계적인 현상이라고 해도 과언이 아니다. 잠시 스치듯 지나가는 반짝 상승의 모습이 아닌 급격한 기울기를 보이는 장기적인 흐름을 보이고 있다.

이미 우리의 눈앞에 놓인 엄연한 현실인 것이다. 따라서 이들을 주목하는 사람들이 늘고 있으며, 이들을 통해 새로운 시장을 개척하려는 기업들의 움직임도 빨라지고 있다. 바야흐로 솔로 이코노미가 등장하고 있는 것이다.

생활 속 솔로 이야기

나홀로 경제학,
솔로 이코노미(Solo Economy)

고대 그리스 로마에서는 결혼과 출산은 조상을 숭배하는 행위인 동시에 노동력을 증가시키는 중요한 요인이기 때문에, 결혼하지 않고 혼자 사는 사람에게는 특별세금을 부과하거나 선거권까지 박탈하기도 했다고 한다. 하지만 1798년 영국의 경제학자인 토마스 로버트 맬서스가, 기하급수적으로 증가하는 인구에 비해 식량생산의 증가율은 따라가지 못해 결국 인류는 식량 문제에 직면하게 될 수 있으며, 이를 해결하기 위해 결혼 연령은 높이고 출산율을 낮춰야 한다는 『인구론』을 발표하면서, 결혼과 출산에 대한 사회적 인식은 전환점을 맞게 된다. 혼자 사는 것이 죄를 짓는 것이라고 생각하던 사람들이, 혼자 사는 것은 더 이상 죄를 짓는 것이 아니라는 생각을 가지기 시작한 것이다.

그 후 200여 년이 지난 2007년, 1인 가구와 솔로에 대한 개념은, 스위스 다보스에서 열린 국가 간의 공식적인 모임인 세계경제포럼에서 언급되면서 언론에 주목을 받게 되는데, 포럼 기간 중에 교육받고 전문성을 가진 20~30대 솔로들이 새로운 소비층으로 부상하고 있기에 이들을 중심으로 한 비즈니스 모델이 필요하다는 공감대가 형성되었다. 또한 싱글 이코노미(Single economy)를 주제로 한 세션이 진행되면서 싱글족이 세계 경제의 중심으로 떠오르고 있다는 사실이 공식화되기도 했다.

다보스 포럼(Davos Forum)
세계경제포럼 (World Economic Forum, WEF) 연차 총회를 이르는 말로, WEF는 1970년 유럽의 경제인들이 서로 간의 우의를 다지고 협력하기 위해 비영리로 만든 재단이다. 매년 스위스 다보스에서 개최되기 때문에 다보스 포럼으로 더 잘 알려져 있다.

그런데 왜 우리는 1인 가구에 주목하는 것일까? 2012년 뉴욕대 사회학 교수인 에릭 클라이넨버그는 그의 저서 『고잉 솔로 싱글턴이 온다』에서, "솔로 이코노미"라는 용어를 처음으로 사용했다. 지난 반세기 동안 인류는 굉장한 사회적 실험에 돌입했다고 주장하는 그는, 역사상 최초로 많은 사람들이 연령과 장소, 정치적 신념과 무관하게 "싱글턴"으로서 정착했다고 말하고 있다. 1인 가구가 가장 안정적인 가구 유형 가운데 하나이며, 혼자 사는 사람들이 5년 동안 현재의 생활방식을 그대로 유지할 확률이 아이를 둔 부부 다음으로 높게 나타났다고 평가했다. 그는 어느 때보다도 혼자 사는 사람이 많은 이유 가운데 가장 핵심적인 것으로, '혼자 살기 편해졌다'는 것을 지적했다. 간단한 논리다. 혼자 살기에 편안한 세상이 되었으니 같이 사는 것보다는 혼자 사는 것을 택하는 사례가 늘어났다는 것이다. 이와 같은 사실을 반박할 수 있는 사람은 그리 많지 않다. 당연한 논리이며 우리 주변에서 증명되고 있는 현실이기 때문이다.

독신에 대한 단단한 편견을 부드럽게 만든 것은 의외로 부족한 식량 문제였다. 즉 많이 먹으면 식량이 부족하니 많이 먹지 않도록 출산을 줄이자는 것. 1798년 영국의 경제학자 토마스 로버트 맬서스는 그의 저서 『인구론』을 통해 기하급수적으로 늘어나는 인구에 비해 식량은 산술적으로 늘어나는 데 그쳐 앞으로 식량문제가 큰 사회문제로 대두될 것임을 지적했고, 결혼 연령을 높이고 출산율을 낮추는 것이 식량 부족문제의 해결 방법으로 제안했다. 물론 이 제안을 전 세계에서 받아들인 것은 아니지만 그의 주장은 고정된 사고를 부드럽게 만드는 유화제 역할을 했다. 이후 독신에 대한 부정적인 시각이 변화하기 시작했다.
우리나라도 90년대 초가 되면서부터 '싱글'과 '독신'이라는 말이 나오기 시작했고 이들의 활동이 활발해지기 시작했다. (2013 KB연구보고서 참조)

혼자 살기 위한 조건들이 다양해지고 구체화되고 있다. 1인 가구들이 소형주택을 선호하면서 독신거주용 오피스텔이나 개인 공간은 독립적으로 변모하면서도, 공동시설은 공유하는 방식으로 주거형태가 변하고 있다. 소형주택이 다량 공급되고 있고 언제 어디서든 자신만을 위한 서비스를 찾는 데 어렵지 않은 시대가 됐다. 이런 것을 가능하게 하는 데에 가장 큰 역할을 한 것은 역시 인터넷이라는 통신혁명이다. 이는 모든 사람들과의 네트워크를 가능하게 하면서 정보 교류와 확산을 더욱 부채질했다. 전 세계 어디와도 실시간으로 연결될 수 있는 그물망으로 1인 가구들이 큰 불편 없이 그들만의 삶을 살아갈 수 있게 된 것이다. 페이스북과 트위터, 카카오톡과 같은 소셜네트워크가 대세로 자리 잡으면서 1인 가구들은 또 하나의 날개를 단다.

연령군별 1인 가구 거주자의 생활실태 및 특징

구 분	20~30대 1인 가구 거주자	40~50대 1인 가구 거주자	60대 이상 고령 1인 가구 거주자
교육수준	(전문)대학 이상	고등학교 이상	초등학교 이하
주 거	단독주택(58.3%)	단독주택(55.1%)	단독주택(70.1%)
	보증금 월세(46.9%)	자가(34.4%)	자가(66.5%)
	약 절반이 소득의 30% 이상 저축	약 30%가 소득의 30% 이상 저축	대다수가 저축할 여유 없음 국민기초보장 대상 비율 높음.
	다수가 나아질 것으로 전망	지금과 비슷 또는 나아질 것으로 전망	지금과 비슷 또는 나빠질 것으로 전망
경제활동	참가율, 상용직 비율 높음	참가율, 상용직 비율 높음	참가율, 상용직 비율 낮음
독거기간	66.59개월	120.05개월	142.64개월

독거이유	직장 또는 학업 문제	자유롭게 살기 위해	배우자의 사망 또는 자녀의 결혼
힘든 점	가사일 등 일상생활처리	아플 때 간호해줄 사람 없음	아플 때 간호해줄 사람 없음
좋은 점	자유로움	자유로움	자유로움
독거생활 중요요소	경제적 능력	가까운 친구	본인의 건강
걱정거리	생계비 마련 및 주택구입 등 경제적인 준비	나의 건강 (나의 노후준비)	나의 건강 (가족에 대한 염려)
여가활동	운동 · 여행 · 취미활동	운동 · 여행 · 취미활동	운동 · 여행 · 취미활동
독거생활 만 족 도	3.69점(5점 만점)	3.43점(5점 만점)	3.18점(5점 만점)
향후 유지 희 망	2.92점(5점 만점)	3.00점(5점 만점)	3.59점(5점 만점)
대표적인 결혼상태	미혼	이혼	사별

〈출처:한국보건사회연구원, 가족구조 변화와 정책적함의(2012)〉

　반세기 만에 1인 가구가 폭발적으로 증가한 이유 가운데 또 하나로 들수 있는 것은, 역사와 연동된 사회문화의 변화다. 과거 농경사회부터 근대화를 이끈 굴뚝산업사회에 이르기까지, 우리의 조상들은 역사적으로 가족의 형태로 함께 하지 않으면 안 되는 시스템 속에서 살아왔다. 혼자서 밭을 갈고 농사를 짓는 일은 생각할 수 없는 일이었다. 품앗이와 두레라는 전통 풍습처럼 사람들은 협력했고 농사를 위해 자녀와 형제가 필요했다. 이는 대가족 시스템을 만들었고 오랜 시간 유지되어 왔다. 하지만 산업화가 시작되면서 공장이 있는 중소도시로 노동력이 이동하기 시작했고 대가족은 어쩔 수 없이 핵가족으로 분리되기 시작했다. 부모와 형제가 함께 모여 살다가 각자 일자리를 찾아 떠나면서 대가족이 소가족으로 떨어져 나가기 시작한 것이다. 하지만 이때까지만 해도 경제적인 여유가 생기면 가정을 만드는 것이 우선적인 일이었고 또한 자연스러운 일이었다. 경제적인 환경보다는 가족 중심의 전통적인 환경이 아직까지는 사람들의 의식 속에 굳건히 자리 잡고 있었다.

  그런데 산업화 물결이 거세지면서 자본이 축적되고 생활수준이 나아졌고 의식수준도 향상됐다. 능력 있는 개인이라면 집단보다도 더 인정받고 대우받는 사회로 변화하기 시작했다. 오스트리아 경제학자 조지프 슘페터(Joseph Schumpeter)는 1942년 출간한 그의 저서를 통해, "현대 자본주의가 삶의 모든 영역을 합리화하고 있고 냉혹하고 계산적인 문화는 결국 집단의 해체로 이어질 것"이라고 주장하기도 했다. 인간중심의 사회가 자본주의를 만나면서 냉혹한 개인적인 문화로 전환될 것이라는 점을 오래전에 학자들은 예견하고 있었던 것이다. 에릭 클라이넨버그 교수는 2010년 미국 싱글들의 일인당 연평균 소비액이 3만 4천 달러로, 무자녀 또는 유자녀 가족 일인당 소비액보다 높으며, 고소득의 싱글남녀가 경제에 미치는 영향력이 더욱 확대될 것이라고 전망하기도 했다.

왕따 맞아요,
하지만 즐거운 왕따랍니다

왕따는 학교폭력에서부터 시작된 말이다. 아이들 사이에서 놀림을 받거나 집단따돌림을 받는 것을 의미한다. 대다수의 언어적, 물리적 폭력과 집단따돌림 등은 왕따를 겨냥해서 나타난 것들이 많다. 왕따 입장에서는 가혹한 현실을 참아내기 힘들다. 정상적인 학교생활을 한다는 것은 기대하기 어렵다. 힘들지만 이 시기를 잘 넘기는 경우도 있다. 하지만 스스로 이겨내지 못하는 아이들은 주변에 도움을 청하기보다는 스스로 참고 숨기는 경우가 대부분이다. 심각하면 자살이라는 최악의 선택으로 짧은 생애를 마감하기도 한다. 그래서 왕따는 심각한 사회적인 문제로 대두되었고 학부모와 학교, 그리고 정부까지 나서서 왕따 문제 해결을 위해 머리를 맞대는 것이다.

1인 가구, 흔히 솔로라고 불리는 사람들은 왕따인가? 아마도 스스로 '그렇다'라고 생각하는 사람들은 그리 많지 않을 것이다. 따지고 보면 모두 주변인의 시각이다. 본인은 그렇게 생각하지 않지만 주변인들을 그들을 왕따처럼 취급한다. '혼자 사는 것을 좋아하는 사람들, 뭔가가 부족하니 혼자 살겠지'라는 비웃음과 비하의 함의가 포함된다. 하지만 우리의 생각과 혼자 사는 사람들의 생각 사이에는 다소 간극이 있다.

그것은 즐거움이다. 그들은 그냥 '왕따'가 아닌 '즐거운 왕따'로 생활한다. 자신만의 인생을 즐기기 위해 원하는 것을 소비하고 원하는 행동을 자유롭게 영위한다. 남들이 어떻게 생각하든, 남들이 어떤 행동을 하든, 1인 가구들은 즐거운 왕따로서 자신들만의 인생 목표와 삶에 집중한다. 이로 인해 즐거운 왕따를 지칭하는 말이 다양해지고 있다. 예를 들면 나홀로족(solo族), 싱글족(single族), 홀로서기족(self reliance族) 등으로 구분된다.

나홀로족은 자기 혼자만의 시간을 즐기고 나홀로 주의를 더욱 강화하는 사람으로 정의할 수 있다. 대부분이 주변 사람들과의 인간관계 형성보다는 PC나 모바일 등을 통해 인터넷이라는 가상공간에서의 활동을 즐긴다. 스스로 왕따를 표방하는 코쿤족(Cocoon)이 그 대표적인 경우이다. 이 명칭은 누에고치(Cocoon)에서 유래한 것으로, 남과 어울리기보다는 자신만의 차단된 공간에서 안락함과 편안함을 추구하는 사람들을 일컫는다. 외부 세상으로부터 도피해 자신만의 안전한 공간에 머물려는 이른바 칩거증후군을 가진 사람들이 여기에 해당한다.

두 번째로, 싱글족은 여성의 사회적 진출이 활발해지면서 자연스럽게 등장한 개념이다. 싱글리즘이 긍정적으로 작용하면서 초혼과 초산 시기가 늦춰졌으며 결혼율도 낮아졌다. 이들은 결혼을 통해 가정을 꾸리고 육아에 힘쓰는 것보다는 친구와 직장 동료들과 함께 교류하는 것에 더 큰 매력을 느낀다. 싱글족을 대표하는 용어 중에 쌔씨족(SASSY)이 있는데, 아마도 '즐거운 왕따'를 가장 잘 표현한 용어라 할 수 있겠다. 귀에 익숙하지는 않지만 최근 솔로족들의 성향을 가장 잘 대변해준다.

쌔씨족은 미혼(Single)이며 경제적인 여유(Affluent)가 있고, 자기 일에서 성공적인(Successful) 경력을 쌓아가면서 멋내기를 좋아하는 (Stylish) 젊은(Young) 사람들을 일컫는다. 결혼보다는 독립적인 삶을 즐기고 직장생활로 인한 경제적 여유를 통해 다양한 취미생활을 즐긴다. 자기만족을 위한 투자에도 아낌없이 지갑을 여는 성향을 지니고 있다. 남들이 왕따라고 놀리면 오히려 즐거운 왕따임을 자랑스럽게 말할 수 있는 집단이 이들이다. 그만큼 자신의 생활에 자신감이 가득하고 능력 또한 뛰어나 매사에 당당하다. 최근엔 골드미스, 골드미스터로도 불리는데, 솔로 이코노미를 주도하는 핵심 소비층으로 떠오르고 있다.

마지막으로, 이혼이나 사별을 통해 어쩔 수 없이 혼자 살게 된 비자발적 솔로들인 홀로서기족이 있다. 이들은 자신을 둘러싼 환경이 변해서 솔로가 된 만큼 그동안 익숙해 있었던 환경을 벗어나 새로운 신세계를 경험한다. 가정생활에만 전념했던 주부가 이혼이나 사별을 통해 독립된 가장으로 다시 사회로 복귀하면서 그동안 보지 못했던 사회를 경험하는 경우도 여기에 해당한다. 가사를 위한 소비가 대부분이었던 그녀가 혼자만의 시간을 갖게 되면서 남이 아닌 자신을 위해 소비하기 시작한다. 옷을 사고 취미생활을 만들고 그동안 가정을 꾸려오면서 포기해야만 했던 자신의 꿈을 새롭게 발견하고 제2의 인생을 설계하기 시작한다. 그녀 앞에 놓인 세상은 새로운 소비 트렌드가 활발한 세상이며, 이제 그녀는 스스로의 항해를 준비하게 된다. 물론 긴 항해를 위해 준비해야 할 물건들을 배에 가득 실은 채 말이다. 결국 남편과 자식을 위해 쏘았던 소비의 화살 중, 몇 개라도 자신을 위해 사용하기 위해 남겨두는 움직임을 보인다.

이밖에 솔로들을 정의한 몇 가지 용어를 더 살펴보면, 고독이나 우울한, 침울한 기분 등을 자기만의 공간에서 즐기며 극복하려는 사람들을 일컫는 글루미족(Gloomy족)이 있다. 또한 더피족(Duppies)은 경쟁에 따른 스트레스로 우울한 삶을 사는 도시 전문직 종사자를 말한다. 경쟁이 치열한 고소득 전문직보다는 소득이 떨어지더라도 삶의 질을 높일수 있는 일을 하는 사람을 칭하며, 경기불황으로 임시로 일하는 사람도 여기에 포함된다. 또한 소라족은 말 그대로 소라껍데기처럼 작은 집에서 최소비용으로 최대 효율을 추구하면서 사는 사람들을 가리킨다. 합리적인 소비를 추구하는 1인 가구인 셈이다.

우리 주변엔 1인 가구로 살아가는 친구와 동료, 가족들이 많이 있다. 과연 그들의 삶은 누구와 닮았는가? 유심히 살펴보면 그들이 어떻게 생활하고 어떤 물건을 소비하는지를 파악할 수 있다.

그들의 삶을 들여야 보면 새롭게 형성되고 있는 솔로 이코노미의 세계를 자세히 살피고 전망할 수 있다. 미래는 더 이상 집단의 가치가 개인의 가치보다 늘 우월하지는 않을 것이다. 정책과 사회, 경제와 문화 등이 개성과 자율성을 지니며 분화될 것이다. 결국 이런 모든 것들을 가능하게 하는 것이 1인 가구며 솔로들인 것이다. 솔로 이코노미는 이러한 관점에서 큰 의미를 가진다.

지난 반세기 동안 인류는 굉장한 사회적 실험에 돌입했다.
그것은 바로 싱글턴이다(『고잉 솔로 싱글턴이 온다』의 저자 에릭 클라이넨버그).

생활 속 솔로 이야기

커져가는 1인 식탁

우리가 알고 있는 핵가족보다
더 작은 단위는 '1인 가구'다

혼자 사는 사람들이 3~4인 가구보다도 더 많이 소비한다는 사실이 통계로 발표되고 있다. 2013년 10월 대한상공회의소는 전국의 20대 후반부터 40대 전반의 전국 500가구를 대상으로 '1인 가구 증가와 소비시장에 미치는 영향'을 조사한 결과, 월 가처분 소득이 전체 월수입에서 차지하는 비중이 1인 가구가 32.9%로서 3~4인 가구의 17.2%에 비해 두 배 가까이 높게 나타났다는 내용을 발표했다. 쉽게 말하면, 매월 받는 월급에서 사용할 수 있는 비용이 1인 가구의 경우에는, 그 정도가 33%에 달해서 3~4인 가구보다 두 배 더 지출한다는 것을 뜻하는 것이다.

삼성경제연구소가 작성한 『인구와 가계통계로 본 1인 가구의 특징과

시사점(2014)』 보고서에 따르면, 우리나라 중년 남성 1인 가구가 가장 빠른 속도로 증가하고 있다. 40~50대 중년 남성이 1인 가구에서 차지하는 비중이 2010년 16.3%로 2000년보다 5.1%포인트 증가했는데, 이는 모든 성별, 연령별 구성비 중 가장 큰 규모로 확인됐다. 또한 최근 수년간 2인 이상 가구의 평균 소비성향은 하락세를 보인 반면, 1인 가구의 평균 소비성향은 상승세를 이어갔다는 발표 내용도 있다.

혼자 사는 사람의 비율이 가장 높은 나라로는, 스웨덴과 노르웨이 핀란드, 덴마크 등을 꼽을 수 있다. 이들 나라에서는 전체 가구 중 약 40%가 1인 가구로 구성되어 있다. 가부장적이면서도 가족주의적인 전통을 가지고 있는 일본마저 가구의 30%가 1인 가구로 구성되고 있다. 문화와 전통을 넘어서 환경적인 변화로 인해 1인 가구는 사회적인 흐름으로 자리를 굳히는 모양새다. 이제는 1인 가구 시대라고 명명해도 지나치지 않는 시대가 등장한 것이다.

우리나라의 총 가구 수는 지난 2000년 약 1,431만 가구에서 2011년에는 1,734만 가구로, 연평균 1.9%의 증가율을 보이고 있다. 하지만 저출산의 영향으로 인구가 감소하고 있음에도 가구가 증가한다는 것은 어떤 의미일까? 바로 적은 인원으로 구성된 가구가 늘어나고 있다는 것인데, 즉 가구 수의 소형화가 진행되고 있다는 의미다. 이를 반증하듯 국내 1인 가구는 지난 10년 동안 연평균 6.4%라는 높은 증가세를 보이고 있다. 2030년에는 전체 가구 중 1인 가구가 차지하는 비중이 1/3을 차지할 것이라는 전망도 나오고 있다.

그렇다면 유럽과 미국, 일본을 거쳐 우리나라에 이르기까지 1인 가구가 급속도로 증가하는 이유는 과연 어디에서 찾을 수 있을까? 『고잉 솔로 싱글턴이 온다』의 저자 에릭 클라이넨버그는 그의 저서에서, 오늘날 많은 사람이 혼자 사는 이유 가운데 하나는 그 어느 때보다도 혼자살기가 수월하기 때문이라는 주장을 폈다. 혼자 사는 데 필요한 의식주와 주변의 환경, 사회적인 의식 등이 변화했다는 것이다. 혼자 사는 사람들을 위한 독신형 주거공간이 대거 등장하기 시작했다. 혼자 사는 사람들을 위한 소포장 식품과 소형 가전제품도 등장하기 시작했다. 의식주 전반에 걸쳐 혼자 사는 사람들이 사는 데에 불편함이 없어졌으니, 1인 가구가 늘어나는 것은 당연할 일이다. 24시간 언제든 배가 고프면 집 근처 편의점에서 김밥을 사먹을 수 있고, 전화 한 통이면 무엇이든 해결되는 시대에 살고 있는 것이다.

산업화로 인해 시골을 떠나 도시의 공장으로 취업하는 근로자들이 많이 생겼다. 농촌은 줄어들고 도시는 비대해졌다. 1년 농사를 지어야 돈을 만져볼 수 있었던 농민들은 한 달에 한 번, 월급이라는 돈을 손에 쥐게 된다. 돈을 버는 횟수가 늘어나는 만큼 소비하는 횟수도 늘어났다. 가사와 육아를 전담했던 여성의 학력이 높아지면서 사회진출 비중이 높아지고 더욱 전문화된 일자리 덕분에 '커리어 우먼'이라는 전문직 여성들의 활약도 커졌다. 일자리가 늘어나고 할 일이 많아지면서 자연스럽게 젊은 남녀의 결혼 적령기가 늦춰졌고 노총각과 노처녀라는 말 대신, 솔로와 싱글이라는 말이 그 자리를 고급스럽게 대체하고 있다.

오스트리아 경제학자 조지프 슘페터가, 현대 자본주의가 '삶의 모든 영역을 합리화'하고 있으며 냉혹하고 계산적인 문화는 결국 집단의 '해체'로 이어질 것이라고 주장한 것처럼, 1인 가구의 증가로 인해 사회적 동물이었던 인간집단은 점차 해체되고 있다.

1인 가구의 식탁은 4인 가구의 식탁을 위협하고 있다. 4인 가구의 식탁 위에 올라오는 내용물보다 더 화려하고 개성 있는 물건들이 1인 가구의 식탁 위를 채워지고 있다. 이로 인해 혼자이지만 그들의 식탁은 점점 비좁아 지고 있고 개수도 늘어나고 있다. 반면에 4인 가구용 식탁은 반대의 모습을 보이고 있다. 식사를 함께 하고 정보를 공유하기보다는 혼자만을 위한 식탁을 편하게 느끼는 사람들이 늘고 있다.

생활 속 솔로 이야기

뜨거운 트렌드 세터(Trend setter), 1인族

네이버 '1인용' 연관 키워드를 살펴보면 '1인용 안락의자'라는 검색어가 여럿 눈에 띄는데, 이 단어만큼 싱글족들이 원하는 모든 것을 대변하는 검색어도 없다. 비록 혼자 사는 협소한 공간이라도 해도, 안락한 휴식을 누릴 수 있는 1인용 의자를 찾는 1인족들의 소비 심리를 먼저 읽어야 한다. (조희영 네이버 검색광고 전문 작가)

혼자 사는 사람들은 일반적인 4인 가구와는 다른 모습으로 살아가는데, 기본적인 의식주를 혼자서 해결하다보니 그들이 소비하는 문화에는 몇 가지 특징이 있다.

첫 번째는 소형화다.

1인 가구의 증가로 인해 주택에서부터 가전제품, 생활용품에 이르기까지 소형제품 생산이 늘어나고 있다. 벽걸이형 세탁기나 1인 가구를 위한 소형 냉장고 등이 속속 출시되어 솔로들의 눈길을 끌고 있는데 크기는 줄었어도 성능은 그대로다.

하지만 간과해선 안 될 것이 있다. 1인 가구들이 작은 것을 선호하지만 무조건 추종하다시피 하는 것은 아니다. 자신의 라이프스타일에 맞는 실용적이면서 합리적인 제품을 선호한다. 소형화된 제품은 그 범위 안에 있을 뿐이다.

주택시장도 소형화 바람을 타고 있다. 대형 평수가 아닌 1인이 살기 편한 소형주택이 늘어나고 있다. 가구와 가전이 옵션으로 달린 오피스텔 등 콤팩트형 주택에 대한 수요가 급증하고 있다. 나아가 독립되어야 할 사적인 공간은 보장하되 부엌이나 거실, 주방과 같이 함께 써도 무방한 공간은 공유의 공간으로 변하고 있는데, 이른바 코하우징(co-housing)의 개념이 등장하기 시작했다.

1인 가구에 대한 비즈니스, 즉 솔로 이코노미가 활발해지면서 1인 가구의 주류를 이루고 있는 대학가의 모습도 변하고 있다. 집주인이나 다른 하숙생과 함께 지내는 하숙집보다는 아예 혼자 지낼 수 있는 공간에 대한 선호도가 증가하면서 자취용 원룸이 주류를 형성하게 된 것이다. 원룸이 많아지다 보니 1인 가구를 대상으로 한 동네 슈퍼와 편의점, 소형 이삿짐센터, 부동산 중개소 등이 덩달아 늘어났다.

그런데 대학에서 좀 거리가 떨어진 신림동과 같은 고시촌에서는 조금은 다른 모습을 보이고 있다. 기존의 다중주택 또는 다가구 주택 활용도가 높고 독서실 형태의 고시원이 1인 가구의 요구 사항에 따라 고급스럽게 변하고 있다. 고시촌 학생들이 멀지 않은 곳에서 오락문화를 즐길 수 있도록 PC방이나 비디오방, 노래방과 호프집 등이 집중적으로 한 곳에 몰려 있는 것이다. 모든 시설들이 사실상 독신자들을 대상으로 영업을 개시한 것이다.

가공식품 시장은 소형화 바람이 가장 빠르게 불어오는 곳이다. 여름철 과일인 수박을 반으로 잘라 파는 모습은 이제 어느 마트에 가든지 쉽게 볼 수 있는 광경이다. 최근엔 반 토막도 아닌 1/4 토막으로 더 나누어 판매하는 곳도 생겨나고 있다. 두부 한 모조차도 한 번에 먹기 부담스러운 1인 가구를 위해 4조각으로 나눠 먹을 수 있는 두부 제품은 이미 한참 전부터 판매되고 있다. 소포장 제품이 인기를 끌고 매출이 증가하면서 '알봉족'이라는 신조어도 등장했다. 과일을 세는 단위인 '알'과 가공식품을 담는 단위인 '봉'이 합쳐진 말로, 소포장 형태의 식료품을 이용하는 1인 가구를 지칭하는 단어로 사용되고 있는 것이다. 소포장 음식료에 대한 수요가 증가하면서 큰 혜택을 본 업종은 편의점업이다. 경기침체에 다른 상권들은 헤매고 있지만, 유독 편의점만큼은 굳건하게 자리를 지키고 있으며 오히려 매출이 오르는 성장세를 보이기도 한다. 이게 모두 1인 가구의 증가 덕분이다.

2020년까지 인구구조 변화의 영향을 많이 받는 품목

성장세가 높은 10개 품목

순위	품목	가구원 감소효과	1인 가구화 효과	인구고령화 효과	전체 변화
1	주택유지 및 수선	6.6	2.2	12.4	20.8
2	곡물	3.8	1.2	9.9	15.0
3	신선식품	4.0	0.9	8.4	13.8
4	의약품	5.3	2.0	5.3	12.3
5	화훼 및 애완동물	8.6	3.7	1.5	11.0
6	병원서비스	4.4	0.9	4.0	9.6
7	육상운송	7.4	4.4	1.3	9.4
8	주거비	12.5	9.1	-4.3	9.1
9	백색가전	6.8	2.2	1.6	9.0
10	TV	6.2	3.0	0.6	7.7

하락세가 큰 10개 품목

순위	품목	가구원 감소효과	1인 가구화 효과	인구고령화 효과	전체 변화
1	교육	-8.4	-2.4	-12.9	-19.1
2	출산관련 서비스	-7.3	-2.1	-13.5	-18.3
3	유아용품	-1.3	-0.9	-13.7	-13.8
4	고칼로리식품	1.4	0.3	-4.7	-2.2
5	정보통신장비	4.6	2.0	-6.8	-2.1
6	자동차구입	-0.3	0.4	-2.5	-1.1
7	운동 및 오락서비스	1.5	1.5	-3.1	-0.6
8	보험	2.6	0.1	-3.6	-0.2
9	운송기구 연료비	2.1	0.0	-2.7	-0.1
10	빵 및 떡류	2.6	1.0	-3.6	0.0

주 : 1) 2012년 각 품목에 대한 가구특성별 소비성향이 그대로 유지된다고 가정하고, 2020년 가구구성이 되었을 때 해당 품목의 소비의 변화율을 추정한 값임(단위 : %).
　　2) 신선식품은 신선수산동물, 염건수산동물, 채소를 포함하고, 고칼로리식품은 육류가공품, 당류 및 과자류, 유제품 및 알을 포함
자료 : 2012년 가계동향조사 원자료

출처: 2012년 가계동향조사/LG경제연구원

두 번째는 고급화다.

우리나라 출산율은 사상 최저 수준이지만 육아용품 시장은 매년 급성장하고 있습니다. 귀한 아이 한 명을 위해 부모와 양가 조부모는 물론 이모나 고모, 삼촌까지 모두 8명이 지갑을 여는 이른바 '에잇 포켓' 현상 때문입니다. 온도에 따라 색이 변하는 식기, 아기를 안기 편한 허리띠 등 육아 초보들을 잡기 위한 업체들 간의 경쟁도 치열합니다. 불황에도 불구하고 이 육아용품, 서비스 박람회의 매출은 매 회 크게 늘어서 이번엔 250억 원을 웃돌 것으로 보입니다. 1인당 씀씀이도 점점 커지는 추셉니다. '귀한 아이'를 위해 지갑을 여는 8명의 가족. 육아용품 시장의 '큰 손'으로 떠오르고 있습니다. 〈KBS뉴스/2014.8.29〉

최근 '에잇 포켓(eight pocket)'이라는 말이 뉴스를 통해 소개됐다. 저출산 고령화 현상이 두드러지면서 자녀가 없는 솔로인 이모, 삼촌, 고모 등이 대리만족 겸 조카를 위해 지갑을 열고 있다는 소식인데, 불경기라고 해도 필요하면 과감하게 지갑을 열고 있는 솔로들로 인해 육아시장의 성장세가 계속된다는 뉴스였다. 이것은, 소비 여력이 있는 1인 가구는 자신뿐만이 아닌 주위사람을 위해서도 흔쾌히 소비하고 있다는 점을 보여준 사례로서, 비록 고가의 상품이라도 소비에 적극적으로 뛰어들고 있다. 1인 가구의 소비형태는 오락과 문화 부문에서 더 활발하게 나타나고 있는데, 실제로 산업연구원이 발표한 '소비지출 규모 비중과 변화율' 결과만 보더라도, 오락문화 부문에서 1인 가구의 소비지출 규모가 크게 증가했다.

〈소비지출 규모 비중 및 변화율 비교〉

	1인 가구			4인 이상 가구		
	2006	2012	연평균 변화율	2006	2012	연평균 변화율
식료품 · 비주류음료	16.0	15.0	0.5	14.8	12.8	−1.5
주류 · 담배	2.0	1.8	−0.3	1.3	1.0	−2.6
의류 · 신발	5.6	6.6	3.9	6.1	6.6	2.1
주거 · 수도 · 광열	18.4	19.0	2.0	8.8	9.0	1.3
가정용품 · 가사서비스	3.0	4.2	7.5	3.3	3.4	1.5
보건	7.9	9.2	4.2	5.2	5.8	2.9
교통	11.0	9.7	−0.6	11.8	11.8	1.0
통신 우편서비스	5.7	5.7	1.4 8.1	5.7	7.0	4.5 −0.7

오락 · 문화	4.3	5.5	6.0	4.9	5.7	3.3
: 영상음향기기			23.0			14.9
: 오락문화내구재			27.4			−0.7
: 장난감/취미용품			24.0			9.8
: 문구			−8.5			3.0
교육	2.0	1.2	−6.5	15.6	16.5	2.0
음식 · 숙박	15.0	12.5	−1.4	13.4	12.4	−0.4
기타상품 · 서비스	8.8	9.7	3.0	9.5	8.8	−0.1
: 미용서비스			1.4			−5.4
: 복지시설			28.2			6.5
: 기타서비스			6.6			−6.1

단위:% / 출처:산업연구원

조사에 따르면, 젊은 층으로 구성된 1인 가구는 오락과 문화서비스업, 이 · 미용 서비스업, 가정용품 및 가사서비스업, 우편서비스업 등에서 4인 이상 가구에 비해 월등히 높은 수준의 소비증가율을 보인다고 발표했다. 특히 오락문화 내구재와 장난감 및 취미용품, 영상음향기기 등에 대한 소비지출 증가율이 높아, 여가 및 취미활동에 대한 투자를 아끼지 않는 것으로 파악되고 있다.

세 번째는 편리함을 추구한다.

인터넷은 전 세계를 그물망처럼 실시간 이어주고, 인터넷 기능을 탑재한 똑똑한 기기인 스마트폰은 사이버상에서 조성된 커뮤니티를 더욱 활성화시키고 있다. 스마트폰만 손에 쥐고 있으면 모든 것이 해결되는 세상이다. 비즈니스 업무를 포함해 기본적인 의식주 해결에서부터 커뮤니티를 기반으로 한 활동들도 활발하게 펼 수 있다. 불과 얼마 전까지만 해도 전화 한 통으로 웬만한 것은 다 해결되는 시대를 살았다면, 이제는 스크린 터치 한 번으로 모든 것이 해결되는 시대를 살고 있는 것이다. 이런 변화는 편리하고자 하는 인간의 욕구를 충족시키는 과정에서 나왔다. 대충 옷 하나만 걸치고 집 밖으로 나가면 솔로를 위한 음식점과 편의점, 커피숍이 사방에 즐비하다. 돈과 스마트폰만 있으면 모든 것이 해결된다. 취업을 통해 스스로 살아갈 비용을 벌고 있으니 이 또한 자연스럽다. 간편함과 편리함을 추구하는 솔로들이 증가할수록 소포장, 소용량 식품에 대한 선호도도 증가하기 시작해 관련 산업도 빠른 속도로 꽃을 피우고 있다.

2011년 가공 식품 시장은 약 2조 7천억 달러 규모로 전체 식품시장(5조 2천억 달러) 대비 약 52%를 차지했고 샌드위치와 같은 즉석요리 식품은 전체 시장의 2.4%를 차지했다는 조사결과가 나왔다. 우리나라도 뒤질 새라, 가정 간편식 시장이 크게 성장하고 있다. 2011년 즉석밥의 매출이 2010년 대비 34.7% 가량 성장하면서 동종 업계에서 가장 높은 성장률을 기록하기도 했다. 〈2012 KB연구보고서〉

네 번째로 주목할 것은 합리적인 무소유다.

무소유의 개념은 종교적인 성격이 짙다. 그만큼 일반 사람들이 소유하지 않는다는 것은 어려운 일이며, 무소유의 경지는 성직자만이 할 수 있는 것으로 인식되어 온 것이 사실이다. 전자제품 하나라도 집안에 장식을 해놓고 예쁜 찻잔을 진열장에 전시해 놓는 것은 일반적인 가정에서 흔히 볼 수 있는 장면이다. 소유는 곧 재산을 의미하고 재산은 곧 힘을 의미한다. 이를 위해 인간은 태어날 때부터 소유를 향해 끊임없이 도전하고 연구해왔다. 하지만 1인 가구는 소유보다는 무소유를 지향한다. 법정스님이 남긴 무소유의 의미를 생각하면 1인 가구가 추구하는 무소유 개념을 이해하는 데 도움을 얻을 수 있다.

무소유란
아무것도 갖지 않는다는 것이 아니다.
궁색한 빈털터리가 되는 것이 아니다.
무소유란 아무것도 갖지 않는 것이 아니라
불필요한 것을 갖지 않는다는 뜻이다.

무소유의 진정한 의미를 이해할 때
우리는 보다 홀가분한 삶을 이룰 수가 있다.

아무리 가난해도
마음이 있는 한 다 나눌 것은 있다.
근원적인 마음을 나눌 때 물질적인 것은
자연히 그림자처럼 따라온다.

그렇게 함으로써
나 자신이 더 풍요로워질 수 있다.
세속적인 계산법으로는 나눠 가질수록
내 잔고가 줄어들 것 같지만,
출세간적인 입장에서는
나눌수록 더 풍요로워진다.

하나가 필요할 때 하나로써 만족해야지
둘을 가지려 하지 말아야 한다.
그러면 그 하나마저도 잃게 된다. 그건 허욕이다.
하나로써 만족할 수 있어야 한다.

행복은 그 하나 속에 있다.
둘을 얻게 되면 행복이 희석되어서
그 하나마저도 잃는다.
문명은 사람을 병들게 한다.
그렇지만 자연은 사람을 소생시켜 준다.
사람을 거듭나게 한다.
자연과 더불어 살 때 사람은 시들지 않고
삶의 기쁨을 누릴 수 있다.

우리가 산다는 것은 무엇인가 그것은 기약할 수 없는 것이다.
내일 일을 누가 아는가. 이다음 순간을 누가 아는가.
순간순간을 꽃처럼
새롭게 피어나는 습관을 들여야 한다.
매 순간을 자기 영혼을 가꾸는 일에,
자기 영혼을 맑히는 일에 쓸 수 있어야 한다.

세상이 달라지기를 바란다면
우리들 한 사람 한사람의

모습이 달라져야 한다.
나 자신부터 달라져야 한다.
한 사람 한 사람 삶의 모습이 달라져야 한다.
그래야만 세상이 달라진다.
나 자신이 세상의 일부이기 때문이다.
우리들 한 사람 한 사람이 세상의 일부이다.
　　　　　　　　　　　　　　-법정스님의 법문 중-

　법정스님은 무소유의 개념을 '아무것도 갖지 않는 것이 아니라 불필요한 것을 갖지 않는 것'이라고 정의했다. 생활에 꼭 필요한 것만을 소유하고 필요하지 않는 것은 취하지 않는 것. 이것이 진정한 의미의 무소유라 말하고 있는 것이다. 1인 가구는 이런 무소유를 생활 속에서 적용하고 있다. 꼭 필요하지 않으면 구매하지 않고 함께 공유하거나 임대한다. 자유로운 삶을 살아가는 데 소유는 거추장스러운 짐에 불과하기 때문이다. 이런 이유로 국내 렌탈 시장은 2006년 약 3조 원에서 6년 만인 지난 2012년엔 10조 원 규모로 성장할 수 있었다. 합리적인 무소유를 실천하기 위해 임대를 택한 결과다.

　KB연구보고서에 따르면, 과거엔 정수기와 비데 등을 중심으로 렌탈 시장이 확장되었지만, 최근엔 커피머신과 매트리스, 노트북, 아이패드, 심지어는 청소도구에 이르기까지 다양하게 확대되고 있다. 온라인 쇼핑몰과 대형마트도 임대 열풍을 놓치지 않고, 1인 소비자를 겨냥해 판매해오던 소형 냉장고와 소형 세탁기, 소형TV 등을 대여할 수 있는 서비스까지 마련해 가고 있다.

다섯 번째로 소셜네트워크서비스(SNS)에 집중한다.

아리스토텔레스에서 유래된 '인간은 사회적 동물'이라는 명제는 결코 사라지지 않을 것이다. 하지만 인터넷이 발전하고 소셜네트워크서비스 망이 확대됨에 따라서 이 말에 약간의 수정은 불가피하다. 바로 '인간은 소셜네트웍적인 동물'로 말이다. 떠오르는 태양 볕이 아침을 열어주었다면, 이제는 스마트폰에서 이뤄지는 다양한 커뮤니티의 메시지 도착 알람소리를 들으며 아침을 시작하는 사람이 늘고 있다. 화장실에서 용무를 보면서 가장 먼저 살피는 것은 내가 가입한 온라인 카페에 올라온 새로운 글이나, 내가 지난 밤, 페이스북에 남긴 글에 대한 사람들의 반응들이다. 출근하면서 보고할 일이 생기면 카카오톡을 통해 상관에게 보고하는 것이 이젠 낯설지 않다. 그야말로 소셜네트워크의 시대가 도래한 것이다.

〈1인 관련 조회 수 상위 키워드〉

싱글족 가구	예쁜생활 소품	예쁜변기	이쁜 유리병	싱글제품	테이블 장식	자취물품
1인용 가구	싱글쇼파	특이한 커피잔	예쁜 행주	원룸용품	조립선반	시끄러운 알람시계
라탄 바구니	원룸 가구세트	독특한 커피잔	디자인 인테리어소품	싱글용품	저렴한소품	이색물건
스크레치가구	미니화장대	예쁜커피 잔세트	동물잠옷	싱글족용품	재미있는 쇼핑몰	원룸예쁘게 꾸미기
싱글가구	특이한 침대	예쁜반찬통	불 들어 오는우산	10평원룸 꾸미기	자취준비물	예쁜저금통

싱글룸 가구	저렴한 가구	이쁜커피 잔세트	케스탠드	특이한용품	자취생활 용품	예쁜 인테리어소품
저렴한 모던가구	입본장	예쁜 식탁매트	나무컵받침	특이한 오프너	자취생 생활용품	동물잠옷 쇼핑몰
틈새 서랍장	1인용품	그릇홈세트	1인용제품	특이소품	자취방청소	예쁜 인테리어 소품 파는곳
싱글소파	수입그릇 싸게파는곳	예쁜맥주컵	1인용	디자인물건	자취생청소	예쁜옥탑방
싱글소파 추천	어덜트토이	악세사리 거치대	싱글족제품	싱글족 인테리어	신기한 아이디어 상품	신기한물건 쇼핑몰

*출처 : 네이버 '키워드 도구' 서비스

1인 가구는 SNS를 적극 활용하는 집단이기도 하다.

소셜네트워크서비스의 확대는 1인 가구가 사회를 이끌어가는 주체로 앞에 나서게 했다. SNS를 적극 활용하는 집단인 1인 가구는 가족이라는 혈연공동체보다는 SNS에서 만난 1촌과 이웃을 더 중요하게 여긴다. 이웃신청을 통해 새로운 이웃을 만드는 데 열을 올리고 누군지 모르는 불특정 다수를 향해 자신의 근황이 담긴 사진을 남긴다. 댓글에 웃고 댓글에 운다. 맛집에 가기 위해서 블로그를 방문해 음식점에 대한 정보를 미리 확인한다. 음식점을 다녀와서는 음식의 맛이나 서비스에 대한 후기를 남기고 사이버상의 이웃들과 정보를 교류한다. 물론 SNS상에서의 활동은 1인 가구에만 해당되는 것은 아니다. 하지만 비율적으로 1인 가구가 이 활동에 더 집중하고 더 활용하는 게 엄연한 현실이다.

실제로 혼자 사는 사람들이 디지털 미디어를 활발하게 이용하고, 낯선 사람들과 어울리는 모임이나 자원봉사 단체 등에 참여하는 비율이 혼자 살지 않는 사람에 비해 높다는 통계 결과도 있다.

서울서베이의 조사(2010)에 따르면, SNS 이용률에서 1인 가구는 49.7%로 다인 가구 46.2%보다 3.5%포인트 높은 것으로 나타났고, 35세 이하 연령층의 SNS 이용률도 80% 이상인 것으로 나타났다. 또한 1인 가구들의 인터넷 사용 시간을 알 수 있는 몰입도는 다인 가구에 비해 월등히 높은 것으로 나타났다.

〈1인 가구 연령별 SNS 이용〉

나이	1인가구
24세 이하	83.1%
25~34세	81.2%
35~44세	62.2%
45~54세	40.7%
55~64세	15.5%
65세 이상	2.9%

자료: 2010 서울 서베이

여섯 번째로 소비의 주체로 나서고 있다.

1인 가구의 규모가 우리보다 앞서고 있는 일본의 경우에는, 40대 전

후의 고소득 미혼 직장여성이 새로운 소비계층으로 떠오르고 있다. 이들을 가리켜 아라포(arafo) 세대라 칭하는데, 아라포는 40대를 가리키는 일본식 영어 신조어로서, 어라운드 포티(around 40)의 일본식 줄임말이다. 아라포 세대는 10년 이상 직장생활을 해온 고소득, 고학력의 미혼 여성으로서, 일반 여성보다 약 1.3배의 소득수준을 가지고 있다. 특히 2009년엔 20대 미혼여성 근로자의 소득이 미혼남성 근로자의 소득보다 높아지는 현상도 나타나서 새로운 소비계층으로 주목받았다. 우리나라도 예외는 아니다. 최근 10년 동안 30대 후반에서 시작해서 40대를 중심으로 고소득, 고학력의 미혼 남녀가 늘어나면서 새로운 소비주체로 급부상하고 있다.

1인 가구의 품목별 구입처 비중 (단위: %)

구분	신선식품	가공식품	패션 · 의류	가전	신발 · 구두	화장품	가정 · 생활
대형마트	36.8	42.4	7.2	20.8	10.4	12.8	38.4
인터넷몰	30.4	30.4	63.6	53.2	52.8	52.0	41.6
동네가게	13.6	10.8	0.8	1.2	2.4	2.8	7.6
전통시장	6.4	0.4	1.2	0.4	1.6	0	1.2
SSM	4.8	7.2	0	1.6	0	0.8	3.2
아웃렛	0	0.0	12.0	0.8	10.8	2.4	1.2
전문점	0.4	0.0	10.4	17.6	15.6	20.8	2.0
기타	7.6	8.8	4.8	4.4	6.4	8.4	4.8

※기타 : 백화점, TV홈쇼핑, 편의점 등   자료 : 대한상의

"All the single ladies. Now put your hands up Up in the club, we just broke up Im doing my own little thing (모든 솔로여성들, 손을 들어봐요. 막 헤어진 나는 이제 나만의 일을 하려 해요)"

[가수 비욘세 4집 앨범 Single Ladies]

"우리나라에서는 저녁이나 주말에 3~4인 가족이 함께 식사하는 모습이 가장 일반적이었지만, 이제 1인 가구 증가에 따른 새로운 비즈니스 모델과 수혜를 받는 기업들을 눈여겨봐야 할 시기다."

[이병준 증권사 애널리스트]

"1인 가구는 우리가 그것을 어떻게 받아들이느냐에 상관없이 뚜벅뚜벅 다가오고 있는 우리 사회의 '확정된 미래'다."

[염유식 연세대 사회학과 교수]

"노부모 역시 당신과 함께 살기를 원하지 않는다. 아직 수입이 있고 주거에 관한 선택권을 가지고 있는 상황이라면 그들은 혼자 사는 쪽을 택한다. 돈을 더 지불하고서라도 독립을 얻는 것이다."

[뉴욕타임즈 2009.3.24]

"합리적 공동체가 한창 작업하는 와중에 형성되는 공동체가 있는데 그것이 바로 아무것도 공유하지 않은 사람들의 공동체이다."

[알폰소 링기스 철학자]

"특히 도시의 1인 가구 비중이 높아 10가구 중 약 4가구가 1인 가구이며 뉴욕 맨해튼은 절반가량이 1인 가구로 추정된다."

[월간지 마이더스/2010년 10월호]

"무연사회 일본. 이 취재가 시작된 것은 어느 '나홀로' 남성과의 만남이 계기가 되었다. 50세에 파견 일자리를 잃은 이 남성은 파견회사에서 기숙사로 제공했던 다가구주택에서 쫓겨나 사우나나 캡슐 호텔을 전전하며 일자리를 알아봤지만 찾지 못하고 노숙 생활로 전락해 있었다."

[무연사회 NHK프로젝트팀 출판]

나홀로족은 'S.O.L.O' 즉 자기(Self) 지향적이고 온라인(Online) 지향적이며, 저가(Low price) 지향적이고 편리(One-stop) 지향적이다.

[대한상공회의소]

서울시에 거주하는 25~49세 비혼 여성 1인 가구는 약 20만 명으로 추정된다.

[서울시여성복지재단. 2012]

'적잖은 사람들이 "근년 들어 빠르게 가정의 양태와 가족들의 사고방식, 생활양식이 변하고 있다"고 지적한다. 경제 사회발전과 함께 행복추구 기능 등이 강조되면서 소가족화 핵가족화 현상이 두드러지고 있다.'

[매일경제신문 1994.5.14]

'1인 가구의 삶을 다시 선택한다면? 선택한다(88%)

※설문대상: 20~30대 1인 가구 3011명 [이음싱글생활연구소 2013.12]

'1인 가구는 대체로 개인주의 성향이 높고, 자기표현 욕구가 강해 자신을 위한 투자 활동을 많이 한다. 특히, 한국의 1인 가구는 외모뿐만 아니라 그 외 소비활동에도 비교적 많은 비용을 지불하고, 먹는 것에 돈을 아끼지 않으며 자기계발에도 관심이 많다.'

[한국과 일본의 1인 가구 라이프 스타일-LG경제연구원 2011년]

즐거운 왕따, 나홀로 경제학

나홀로 7인 7색

- 혼자 사는 데 익숙해요, 401호 골드 미스터

- 외로워도 슬퍼도 나는 안 울어… 308호 골드 미스

- 가족과 만나면 어색해요, 501호 기러기 아빠

- 살기 싫은데 헤어져야죠, 재혼은 생각해보구요, 305호 돌싱녀

- 돈 있으면 실버, 없으면 독거… 703호 김 할머니

- 내 나이 스물, 이제 대학생이다… 204호 자취생

- 1인 가구에서 창업을 보다. 502호 직장인

"미국 성인들 가운데 50퍼센트 이상이 독신이고 성인 7명 중 1명 꼴인 3,100만 명이 혼자 산다.
1인 가구는 가장 안정적인 가구 유형 중 하나가 되었다. 혼자 사는 사람들이 5년 동안 현재의 생활방식을 그대로 유지할 확률은 아이를 둔 부부 다음으로 높게 나타났다."

– 『고잉 솔로 싱글턴이 온다』 (에릭 클라이넨버그)

혼자 사는 데 익숙해요,
401호 골드 미스터

혼자 사는 것은 이제 낯설지 않다
누군가 옆에 있는 것이 불편하다

올해로 딱 마흔 살에 들어선 직장인 김남철 씨(가명).

나이 마흔이면 사물의 이치를 터득하고 세상의 모든 유혹에서 흔들리지 않는다 하여 불혹(不惑)으로 불리기도 한다. 사회생활을 하는 사람이면 이때쯤이면 웬만한 업무는 몸에 배어 수월하게 진행할 수 있고, 인간관계 역시 최고의 정점에 다다르는 시기다.

김남철 씨도 일반적인 40대의 코스를 걷고 있는 사람 중 한 명이다. 하지만 그에게는 최근 달라붙은 꼬리표가 하나 있는데, 바로 '노총각'이라는 수식어다. 회사 동료들 대부분이 기혼자며 결혼하지 않은 사람은 신입사원 정도이니, 이제 그런 말을 들을 만도 하다. 외모도 준수하고 나이에 비해 젊어 보이는 인상 덕분에 그동안 노총각이라는 말을 듣지는 않았는데, 부쩍 늘어난 하얀 새치가 그에게 그동안 없던 꼬리표를 달아준 것이다. 하지만 김남철 씨는 개의치 않는다. 그는 이미 혼자 사는 불편함보다는 혼자여서 편한 것에 익숙하기 때문이다.

김남철 씨의 하루는 헬스장에서부터 시작된다.

사회생활을 막 시작했던 초년 시절, 영업부 신입사원으로 입사한 후 하루가 멀다 하고 열렸던 회식 때문에, 몸무게가 한때는 100kg에 육박해서 무거운 몸을 이끌고 다녀야 했다. 이 때문에 굴러다니는 곰이라는 별명까지 얻게 되었다. 당시엔 스케줄을 마음대로 결정할 수 있는 위치가 아니다 보니 직장상사나 업무상 관계사 직원들의 호출이 있으면 모든 것을 뒤로하고 무조건 응할 수밖에 없었다. 영업사원의 설움을 그대로 몸으로 받아들이고 느껴야 했다. 그렇게 5년을 불려 다니다 보니, 건강이 급속도로 나빠졌고 살찐 그에게 눈길 주는 동료 여직원은 좀처럼 찾아볼 수 없었다. 좌절도 했지만 30대 중반에 되어서야 운동을 시작한 남철 씨, 이제는 아침마다 하루라도 빠지면 업무에 효율이 떨어질 정도로 헬스를 좋아하는 마니아가 됐다.

헬스를 시작하니 자연스럽게 아웃도어 스포츠를 즐길 기회가 생겼다.

큰맘 먹고 수백만 원을 호가하는 고급 자전거도 한 대 구입했다. 평일
엔 자전거로 출퇴근하는 "자출족"이 되었고, 주말이면 무조건 자전거를
싣고 전국 방방곡곡을 누비는 "아웃도어맨"이 됐다. 혼자 떠날 때도 많
지만 대부분은 동호회 사람들과 어울린다. 요즘은 산악자전거를 타면서
경험한 소소한 일상사를 사진과 함께 자신의 블로그에 올리는 재미에도
푹 빠져 있다. 혼자이지만 블로그를 통해 사이버 이웃들과도 소통하고
가끔은 번개모임을 통해 친목도모도 이어간다. 이런 이유로 김남철 씨
의 주말은 평일보다 더 바쁘다.

전문직이거나 화이트컬러인 30~40대 그룹에서 미혼으로 있는 고소득 남녀를 가리
켜 골드미스, 골드미스터라 칭한다. 이들은 도시문화를 만들어가는 도시부족으로서
소비문화를 주도하고 있는 주요 계층이다. 최근 조사에 따르면, 중년 남성 1인 가구
가 가장 빠른 속도로 증가하고 있는 것으로 나타났다.
40~50대 중년 남성이 1인 가구에서 차지하는 비중이 2000년도에는 11.2%였는데,
10년 만인 2010년에는 16.3%로 5.1%p나 증가했다. 이는 모든 성별, 연령별 구성비
중 가장 큰 규모인데, 40대 미혼남과 50대 이혼남의 증가가 주요 원인으로 지목되
고 있다.

외로워도 슬퍼도 나는 안 울어…
308호 골드 미스

애인과 남편은 언젠가는 구분되겠지만
현재는 나만의 삶을 즐기며 살아요

의상 디자이너 이소영(가명) 씨는 올해로 39살인 골드미스다. 서울에 있는 모 대학에서 패션디자인을 전공한 후로, 여러 차례 자신이 디자인 한 옷을 히트시키면서 업계에서는 나름 알아주는 디자이너로 자리 잡았다. 그런 그녀는 일찌감치 결혼하겠다는 생각을 접었다. 아니 포기했다는 것이 더 맞을 것이다. 부모님 성화에 못 이겨 몇 차례 맞선을 보기도 했지만 그때마다 그녀의 가슴속에선 '왜 결혼해야 하지?' 라는 물음표가 사라지지 않았다. 결국 소영 씨는 결혼하겠다는 생각을 빨리 포기하는 것이 본인이나 가족을 위해 더 좋을 것이라 생각했다. 3년 전 당당하게 독신으로 살겠다고 선언을 하던 날, 부모자식 간의 관계를 끊자며 화를 누그러트리지 못하는 부모님을 뒤로 하고 소영 씨는 무덤덤하게 짐을 꾸렸다.

그 후 3년의 세월이 흘러 이제 몇 개월 후면 소영 씨도 나이 마흔 살이 된다. 친구들은 이미 막내가 유치원생 정도는 된 학부모들이다. 때문에 시간이 흐를수록 결혼한 친구들과의 만남은 점점 어색해지고 대화의 소재도 각자의 취미와 관심사보다는 가정사에 맞춰진다. 자녀교육과 육아에 대한 이야기나 남편과 시댁에 관련된 이야기가 회자되면 소영 씨는 관심 있는 표정을 억지로 지으며 어떤 질문을 해야 할지 고민한다. 친구들이 소영 씨에게 묻는 이야기도 늘 결혼 계획에 대한 이야기지만 그녀는 본인만의 싱글라이프에 만족한다고 단호하게 말한다. 또한 언제나 자신만을 위해 꼬리를 흔들어주고 그녀의 겨드랑이 속에 얼굴을 묻고 재롱을 떠는 애견 뽀미가 여느 남자보다 낫다고 자랑삼아 말하기도 한다.

아침 5시, 스마트폰에 맞춰 있는 알람시계가 1초의 오차도 없이 조용한 방 안을 새벽종으로 깨운다. 의상디자이너의 일은 야근이 많아 이른 아침시간에 일어나는 일이 쉽지 않다. 하지만 또 다른 일을 위해 일어나야 한다. 오늘은 모교에서 주최하는 MBA과정에 참가해야 하기 때문이다. 이소영 씨는 이 모임에서 한 남자를 만났다. 중소기업을 운영하면서 미혼인 그는 소영 씨보다는 10살 연상이다. 하지만 나이는 숫자일 뿐, 그 남자가 생각하는 것과 취미생활 등이 소영 씨와 비슷한 구석이 많아 몇 번 밖에 만나지 않았지만 서로를 향한 호감도는 높아졌다. '어차피 결혼할 것도 아닌데…' 라는 자유로운 생각을 가진 두 사람은 마침내 육체관계까지 맺는 사이로 발전했다.

소영 씨는 이 남자와 결혼하면 어떨까? 라는 상상도 해보았다. 하지만 그것은 잠시 스쳐가는 생각으로 이내 파도에 쓸려가는 모래성처럼 그녀의 머릿속을 떠나갔다. 결혼하면 감내해야 하는 가족 간의 문제, 육아문제, 생활비, 노후문제 등까지… 이런 것들은 불편함 없이 혼자 생활해온 그녀에겐 생각하는 자체가 부담스럽고 짜증스럽기까지 한 것들이다. 혼자여서 좋은 일이 더 많은데, 왜 같이 살아야만 하는 걸까? 오늘도 소영 씨가 스스로를 다독거린다.

고대 로마의 황제인 아우구스투스는 독신 여성이 자식 없이 50세가 되면 재산을 상속받지 못하게 했으며, 17세기까지도 캐나다에서는 남자는 20세, 여자는 16세에 이를 때까지 결혼하지 못하면 그들의 부모에게 벌금을 부과했다고 한다. 인구의 수가 국력을 좌지우지했던 과거에는 혼자 살거나 자녀 없이 지내는 1인 가구에 대한 국가적인 차별은 어느 국가에서든 존재해왔다. 결혼하지 않거나 결혼을 했어도 아이를 낳지 않는 것, 이혼을 하거나 사별한 사실조차도 거시적인 측면에서 보았을 때는 환영받지 못하는 계층으로 전락하고 말았다.

가족과 만나면 어색해요, 501호 기러기 아빠

가족을 만나러 공항 가는 길
이젠 가족과 만나면 좀 어색해요

가난한 집의 막내로 태어났지만 나이 차이가 있는 큰형의 도움으로 유일하게 대학을 졸업한 박기찬(가명) 씨. 삼수 끝에 당당히 사법시험에 합격한 후 검사 생활 10년을 보내고 이젠 강남에 잘나가는 변호사로 활동한 지 올해로 10년째를 맞는다. 변호사로 새로운 출발을 하면서 그에게 찾아온 변화가 있다면, 초등학교 4학년과 2학년에 다니는 남매를 아이엄마와 함께 미국으로 유학 보내면서 박기찬 씨의 가족도 기러기 가족이 되었다는 것이다. 가족과 헤어져 지낸 지 5년, 달라진 박 변호사의 일상은 이른 아침부터 시작된다.

아침 6시, 깊은 단잠에 빠져 있는 박기찬 씨를 깨우는 것은 아침 산책을 조르는 애완견 미미다. 세수를 간단히 마친 박기찬 씨는 운동복을 차려입은 후 애완견과 함께 아파트 근처 공원을 산책한다. 6시가 조금 넘은 시간이지만 공원엔 이미 애완견과 함께 나온 남녀 두서넛이 산책 중이다. 몇 개월 전부터 서로 오가며 눈인사 정도는 나눴기 때문에, 비슷한 시간에 비슷한 장소에서 마주치게 되면서 아침인사를 나누는 것이다.

아침 8시, 가장 먼저 사무실에 도착한 박 변호사. 부하 직원들보다 항상 일찍 나오기 때문에 여직원들의 핀잔도 받지만 집보다는 회사가 편해 오늘도 어김없이 이 시간이면 출근도장을 찍는다. 그의 책상은, 쌓여 있는 서류뭉치 때문에 빈자리를 찾아보기 힘들지만 쉴 틈 없이 바쁜 것이 외롭게 지내는 것보다는 오히려 낫다. 바쁘게 지내다보니 일주일에 한두 번 정도 하는 아이들과의 전화 통화 시간도 갈수록 짧아진다. 서로의 안부를 묻는 형식적인 질문과 대답도 솔직히 귀찮을 때가 많다. 어떤 때는 필요한 돈이나 물건을 보내달라는 말만 하고 전화를 끊는 통에 서운하기도 하지만 이 모든 것이 낯설지 않고 오히려 자연스럽다. 혼자 살아온 5년의 세월이 가족을 향한 애틋한 감정까지 무디게 만들었다.

저녁 8시, 오늘은 저녁 미팅을 일부러 잡지 않는 수요일이다. 일주일의 하루만큼은 자신을 위한 시간을 보내기로 몇 년 전부터 다짐을 하고 실천해 온 것. 박기찬 씨는 처음엔 드럼을 배웠다. 한바탕 신나게 두드리고 나면 흠뻑 젖은 와이셔츠 사이로 올라오는 땀 냄새가 야릇한 쾌감을 줬다. 1년 동안 드럼을 배운 후 미술학원에도 등록했다. 고등학교 시절, 미대 진학이 꿈이었지만 부모님의 강한 반대에 꿈을 접어야 했기 때문이다. 하지만 30여 년 만에 가족과 떨어져 지내는 동안 다시 한 번 화

가로서의 꿈을 꾸기 시작했다. 게다가 최근에는 우연한 기회에 스윙댄
스 공연을 구경 갔다가 아예 스윙댄스 동호회에 가입하기도 했다. 이틀
은 수업을 받고 하루는 동호회 사람들과 그동안 배운 것을 자랑하는 시
간을 갖는다. 아직 초보라 스윙댄스가 능숙한 사람들의 동작을 부러운
시선으로 바라만 봐야하지만, 박기찬 씨는 이 시간만큼은 그 어느 시간
보다도 행복하다. 그의 인생시계는 거꾸로 돌고 있다.

여성가족부의 조사에 따르면, 함께 살지 않는 비동거 가족의 수가 2000년도에는 63
만 가구였던 것이 10년 만인 2010년에는 무려 115만 가구로 약 2배 가까이 늘어났
다. 맞벌이 부부가 증가한 것이 가장 큰 이유이겠지만 자녀의 교육을 위해 자발적
별거를 선택한 기러기 가족의 증가도 비동거 가족 수 증가에 한 몫을 했다고 봐야
한다.

살기 싫은데 헤어져야죠, 재혼은 생각해보구요. 305호 돌싱녀

정민희(가명) 씨는 오늘도 퇴근이 늦다. 남들보다 일이 많기보다는 남들보다 많은 시간을 퇴근 후에 사용하기 때문이다. 결혼 5년 만에 맞은 이혼은 그녀의 세상 보는 눈을 완전히 변화시켰다. 결혼하면 무조건 죽을 때까지 함께 살아야 한다고 생각했던 그녀다. 하지만 예상치 못하게 험난한 결혼생활을 보내면서 결혼 전 자신의 생각을 비웃으며 오히려 담담하게 이혼 도장을 먼저 찍었다.

이혼 후 위자료로 받은 아파트 한 채와 얼마의 생활비는, 풍족하지는 않지만 일하지 않아도 몇 년은 견딜 수 있는 여유를 그에게 줬다. 아직은 30대 중반. 하고 싶은 일이 더 많은 나이다. 다행히 아이가 없는 상태에서 이혼을 했기 때문에 생활 반경도 제한되지 않는다. 최근에는 집 근처의 상가에서 파트타임으로 일할 기회를 얻으면서 경제적인 부담을 덜고, 남는 시간엔 개인적인 시간을 보낼 수 있어서 생활에 대한 만족도는 높아졌다. 이혼 후 거처도 원룸으로 옮겼다. 더 이상은 30평대 아파트를 혼자서 사용할 이유가 없었기 때문이다. 요즘에는 독립된 방을 쓰면서 거실이나 주방 등을 함께 공유하는 셰어하우스가 인기라는 뉴스도 들었지만, 아직 이혼의 상처가 가시지 않아 여러 사람과 함께 지내는 건 좀 무리인 듯싶어 혼자서 조용히 지낼 수 있는 원룸을 택했다.

　그곳에서의 생활도 대만족이다. 요즘은 혼자 사는 사람을 겨냥해 내부 시설들을 인테리어 하고 있는 추세라서, 정민희 씨에게 안성맞춤인 원룸이 많았다. 어느 한 곳을 선택하는 데 오히려 시간이 더 걸렸다. 원룸은 웬만한 가전, 가구 시설이 준비되어 있어 옷과 몇 권의 책, 소지품만 가지고 홀가분하게 이사할 수 있는 장점이 있다는 것도 이혼 후 알게 된 사실이다. 배고프면 인터넷에서 구입한 소형 압력밥솥으로 밥을 지어 먹는다. 1인분만 해도 되니 간편해서 좋다. 가끔 밥을 해 먹는 게 귀찮다 싶으면 원룸과 가까운 곳에 있는 식당을 찾기도 한다. 요즘은 혼자 먹는 사람들이 많아지면서 이런 사람들을 위해 1인용 자리를 준비해 놓은 식당이 많아졌다. 그래서 혼자 음식을 시켜도 그리 부담스럽지 않다. 그래도 혼자 먹는 게 눈치가 보일 때는 TV나 신문 등에 소개된 적이 있는, 1인을 위한 전용식당을 일부러 찾아가기도 한다. 맛집 탐방이라고나 할까?

　이혼하고 바뀐 게 몇 가지 있다면, 우선은 자신을 위해 투자하는 시간이 늘어났다는 점이다. 연애할 때는 남자친구와 웬만한 곳은 함께 다녀 정작 나만을 위한 시간을 보내지 못했다. 결혼 후에는 남편 뒷바라지와 살림살이, 그리고 때마다 신경 써야 하는 시댁과의 관계 때문에 정작 자신의 존재는 잊어버리고 살았다. 자그마치 5년간의 세월이다. 하지만 지금은 상황이 달라졌다. 나를 드러내는 데 당당해졌으며, 존재감을 알리는 데에도 시간을 투자한다. 나를 위한 음식, 나를 위한 옷, 나를 위한 여행 등, 모두가 나를 향해 있는 것 같아 하루하루가 즐겁기만 하다.

　그런데 부작용도 만만치 않다. 시간이 많아진 대신 씀씀이가 커진 것이다. 연애시절 민희 씨는 남자친구와 일찌감치 재테크에 집중하기로 약속을 했다. 미래를 위해 미리미리 절약을 하자는 것. 남자친구도 이에 동의했고, 결혼 전까지 연애 5년의 시간 동안 꽤 많은 돈을 모을 수 있었고 결혼생활에 큰 보탬이 됐다. 하지만 이혼을 겪으면서 "아끼고 모으는 것보다는 잘 쓰는 게 더 중요하다"라는 점을 깨닫게 되었다. 또한 "싼 물건을 사서 오래 사용하지 못하고 여러 번 교체하는 것보다 비싼 물건이 오래가서 더 낫다"는 것을 깨닫게 된 후로는, 이왕이면 조금 비싸더라도 품질이 좋은 물건에 손이 가게 됐다. 하지만 씀씀이가 커진 것은 분명 사실이기 때문에 조금은 고민스럽다.

　그래도 무엇보다 좋은 점은 어떤 간섭으로부터도 자유로워졌다는 것이다. 결혼 전까지는 가족에게, 결혼 후부터는 남편과 시댁식구들에게 간섭을 받았던 민희 씨였다. 대한민국의 대다수의 주부들처럼 그녀 또한 구속된 삶에서 자유롭지 못했다. 하지만 돌아온 싱글녀로 새로운 옷을 갈아입은 후부터는 민희 씨는 자신에게 찾아온 자유를 마음껏 즐겼다. 불타는 금요일인 "불금"엔 솔로인 친구들과 대학가로 출동해 새벽까지 즐기기도 하고, 돌싱들로 구성된 여행 동호회에도 참여해서 그들과 함께 여행을 다녀오기도 했다. 스포츠에 대해서는 아는 것이라고는 전혀 없었던 민희 씨가 이젠 골프장을 누비며 버디를 외칠 정도가 된 것이다. 이혼 후 1년여의 시간이 흘렀다. 짧은 시간이었지만 그녀에겐 많은 변화가 찾아왔다. 좋은 점이 많았지만 나쁜 점도 많았다. 혼자 사는 것이 결코 쉬운 일이 아니었고 함께 살 때보다 더 많은 용기가 필요했다. 하지만 민희 씨는 말한다. "인간? 원래 혼자 사는 존재다."

1995년 우리나라의 이혼율은 6.2%에 불과했다. 하지만 15년이 흐른 2010년의 이혼율은 13.4%로 무려 7.2%p가 증가했다. 그런데 특이한 점은 이 가운데 45세 이후의 이혼율이 가장 크게 증가했다는 사실이다. 신혼 초기에 이혼하는 커플보다는 오랜 세월을 함께 살아온 커플이 이혼하는 것이 사실 더 어렵다. 하지만 이젠 의식의 변화가 생긴 것이다. 나이가 들어도 오래 같이 살았어도, 일단 이혼을 결심했으면 참지 않고 실행하는 시대가 된 것이다. 경기불황이 이어지면서 실질임금도 하락했다. 임금은 줄고 물가는 크게 하락하지 않아 경제적으로 부담이 커진 사람들이 결혼 또

는 재혼을 생각하지 않고 혼자 살아가는 것도 1인 가구 증가에 한 몫을 차지하고 있
다. 현재 우리나라 1인 가구가 급증하면서 소비에 집중하는 싱글족의 등장으로, 이
들이 한 해 지출하는 규모가 50조 원에 달한다는 조사도 나오고 있다.

돈 있으면 실버, 없으면 독거…
703호 김 할머니

올해 78세의 김끝순(가명) 할머니는 3년 전 남편과 사별한 후로 지금까지 혼자 살고 있다. 두 명의 자식이 가까운 곳에 살고 있지만, 자식들이 함께 살자고 해도 김 할머니가 먼저 합가를 거부했다. 아직은 건강하다고 생각하기 때문에 며느리 눈치를 보면서 불편하게 지내는 것이 김할머니는 싫었던 것이다. 할머니는 처음엔 혼자인 것이 외롭고 무섭기도 했다. 하지만 노인정에서 만난 또래의 노인들과 교류하면서부터 차차 안정된 생활을 하기 시작했다. 오늘은 할머니가 좋아하는 화요일이다. 일주일 중 이날을 기다리는 데에는 특별한 이유가 있다. 지역에 위치한 노인문화센터에 자원봉사 나오는 젊은 대학생들이 방문하기 때문이다. 젊은 학생들이 노인정으로 들어오면 분위기부터 달라진다. TV소리만이 정적을 깨뜨리고 있던 노인정 거실이 젊은 학생들의 웃음소리와 생기로 인해 일순간에 변하기 시작하는 것이다.

학생들이 다녀간 오후, 다시 무언가 준비를 하는 김 할머니. 오늘은 문화센터에서 인터넷을 배우는 날인데, 한글 공부를 마친 지 얼마 되지 않지만 인터넷 공부에도 도전장을 내밀었다. 하지만 인터넷을 하려면 영어는 필수라서 한동안은 고생깨나 했다. 그런데 지성이면 감천이라고, 할머니의 지칠 줄 모르는 노력으로 결국 웹서핑도 자유롭게 할 정도의 기술을 습득하게 되었다.

할머니가 인터넷 수업에 열심인 이유는 또 하나가 있다. 같은 반에서 함께 배우고 있는 5살 연하의 박 할아버지 때문이다. 연하이지만 다정하면서도 남들에게 늘 웃음을 주는 유머스러운 성격 때문에 유난히 인기가 많은 박 할아버지다. 당연히 많은 사람들이 그를 좋아했고 김 할머니도 그런 박 할아버지에게 호감이 갔다. 아직 연애감정까지는 아니더라도 인생의 황혼기에 만난 그는 김 할머니의 삶에 활기를 불어넣어준 고마운 존재다.

김 할머니에게는 지병으로 먼저 세상을 떠난 남편이 남긴 재산이 조금 남아 있다. 유산으로 물려줄 시기도 됐지만 정신이 멀쩡할 때까지는 두 손에 꼭 쥐고 있을 생각이다. 이런 생각을 하게 된 데에는 이유가 있다. 자식에게 재산을 물려준 후 뒷방 늙은이로 전락해버린 최 할아버지를 노인정에서 알면서 부터다.

은퇴 전까지 잘나가는 소형 건설사를 운영했던 그는 남부럽지 않은 재산가였다. 한참 일할 때는 좋은 일도 많이 해서, 주위 사람들로부터 존경도 많이 받았다고 한다. 하지만 잘나갔던 최 할아버지의 남은 인생은 그리 행복하지 않았다.

어느 날 갑자기 찾아온 뇌졸중이 최 할아버지의 남은 인생을 송두리째 바꿔놓은 것이다. 불행 중 다행히 발병 초기에 치료를 잘 받아 병상에 누워 있지 않고 퇴원할 수 있었다. 하지만 오른쪽 손과 다리는 마비로 인해 예전처럼 자유롭지 못한 상태가 되었다. 이 때문에 최 할아버지의 생활은 하루아침에 180도로 바뀌게 되었다. 자식들의 도움 없이는 어느 것도 혼자서 할 수 없게 되면서 술에 의지해 하루하루를 보내다 결국 알코올 중독에도 빠지고 말았다. 이 일로 인해 최 할아버지는 두 자식을 불러 자신이 가지고 있던 재산 전부를 나눠줬다. 하지만 이 일이 또 다른 불행의 시작이 될 줄은 꿈에도 생각지 못했다.

돈이 떠나자 마음도 떠난 것인지, 할아버지를 대하는 자식들의 태도에 조금씩 변화가 일기 시작했다. 결국 마비로 거동이 불편하게 된 지 1년 만에 할아버지의 곁을 지키던 가족들의 모습이 하나둘씩 보이지 않기 시작했다. 재산을 물려받은 자식들이 봉양에 소홀해진 것이다. 그토록 화목했던 할아버지 가족의 모습은 더 이상 찾아볼 수 없게 됐고, 지금은 최 할아버지의 쓸쓸한 그림자만이 남았다. 아무도 찾지 않는 독거노인으로 전락한 것이다.

　최 할아버지의 이런 모습을 옆에서 지켜본 김 할머니는, "돈 있으면 실버세대지만 돈 없으면 독거노인"이라는 말을 입버릇처럼 되뇌게 되었다. 아들 내외가 아무리 김 할머니에게 잘해도 함께 사는 것은 가시방석에 앉은 것처럼 불편하니, 아예 눈치 안 보고 혼자 사는 것이 편하다고 생각했다. 그래서 그녀는 자식들에게 재산을 물려주고 싶어도 꼭 쥐고 있는 것이 여전히 유리하고, 가끔 며느리와 손자들에게 용돈을 주는 즐거움으로 하루하루를 보낸다고 말한다.

1인 가구가 증가하면서 노후에 대한 생각도 많이 변화했다. 1인 가구 증가의 원인에 대한 설문조사 결과가 발표됐는데, 노후에 자녀와 함께 보내겠다고 답한 사람은 응답자의 7%에 불과한 것으로 나타났다. 또한 노후를 배우자와 보내겠다는 의견이 34.7%, '나 혼자 살겠다'가 24.4% 순으로 조사됐다. 1인 가구로 살아가면서 나타날 수 있는 문제점으로는, '심리적 불안감과 외로움(36%)'이 가장 많았고, 그다음으로 '아플 때 간호해줄 사람이 없음(21.8%)', '경제적 불안정(16.4%)' 순으로 나타났다. 〈2014년 8월 국민권익위원회 조사〉

　1인 가구와 관련된 조사 가운데 시급하게 논의해야 할 문제점이 제기됐다. 국가 정책 응답자의 94.6%가 1인 가구에 대한 사회적 관심이 필요하다고 답한 것인데, 이 중에는 70.5%가 '매우 필요하다'라고 답해, 1인 가구에 대한 국가적, 사회적인 정책 마련이 시급한 것으로 나타났다. 현재 우리나라의 가족정책은 주로 4인 가구를 기준해 맞춰져 있다. 거주하는 아파트에서부터 급여와 최소생활비, 교육비, 의료보험 등, 모든 기준이 4인 가구를 기초로 해 평균화되고 있는데, 이는 1인 가구가 급속히 늘어나면서 변화된 현재의 모습을 정책에 반영하지 못하고 있는 상황이다.

국내 1인 가구는 2010년 23.9%에서 2012년에는 전체의 1/4인 25%를 넘어섰으며, 2025년에는 30%를 넘길 것이라는 통계조사도 나온 바 있다. 때문에 정부 정책은 현재에 머물러서는 안 된다. 미래를 위한 대비를 더욱 철저하게 해야 한다. 이런 측면에서, 4인 가구 중심으로 편성된 정책에 1인 가구도 포함시켜야 한다.

내 나이 스물, 이제 대학생이다…
204호 자취생

204호에 머물고 있는 박성호(20대, 가명) 씨는 대학교 2학년에 재학 중이다. 얼마 전 이사 와서 아직은 원룸이라는 곳이 그에게는 낯선 환경이지만 무엇보다도 독립된 공간으로 옮기게 되어 성호 씨는 큰 자유를 만끽하고 있다. 그는 얼마 전까지 서울의 한 하숙집에서 2년 가까이 하숙생활을 했다. 충남 공주가 고향인 그는 고등학교 때까지는 집과 학교를 벗어나 생활해 본 적이 없었다. 공부하는 것을 뺀 모든 것을 부모님이 해결해 주어 부족함 없이 학창시절을 보낼 수 있었다. 자상하신 어머니는 아들이 배고프지 않게 언제든 꺼내 먹을 수 있는 음식을 냉장고에 한가득 넣어두었고, 학원 수업으로 귀가가 늦어지면 부모님은 학원과 도서실 앞에 항상 차를 대기해 놓고 있었던 것이다. 모든 것이 부족함이 없었고 성호 씨는 본인이 직접 준비할 필요가 없었다. 성호 씨를 위해 모든 것이 마련되어 있었다. 마침내 부모님의 보살핌과 노력으로, 성호 씨는 원하는 대학에 진학했고 학교생활도 원만했다. 하지만 그에게 한 가지 고민거리가 생겼다.

여자친구가 생기면서 하숙집 눈치가 보이기 시작한 것이다. 밤 11시를 통금시간으로 정해놓고 이것저것 사사건건 간섭하는 하숙집 아주머니의 잔소리에 신경이 쓰이기 시작했다. 데이트를 하고 집에 돌아가야 할 시간이 되면, 집에 있을 때보다도 더한 심리적인 압박감을 느꼈다. 밤 12시를 넘겨 경고를 받은 것도 수차례. 이젠 하숙집 아주머니만 보면 짜증이 몰려온다. 주말이면 아예 방문을 걸어 닫고 잠만 자거나 여자친구와 하루 종일 쏘다니는 것이 성호 씨의 주요 일과가 됐다. 그렇게 몇 달을 지내다, 원룸에서 생활하는 친구들 이야기를 듣게 되었다. 그 어느 누구의 간섭도 받지 않고 지낼 수 있다는 천국 같은 공간인 원룸. 여자친구와 데이트도 언제든 자유롭고 옆방에 누가 사는지 알아야 할 필요도 없다는 것. 성호 씨는 결국 부모님을 조르게 되었고 학교에서 좀 떨어진 거리지만 맘에 드는 원룸을 계약하게 된 것이다.

지금은 원룸으로 옮긴 지 90여 일 정도 지났다.

모든 게 순조롭게 적응되고 있다. 혼자 사는 것이 이렇게 편하고 좋은 것일까? 성호 씨의 여자친구도 부담 없이 함께 지낼 수 있어 좋다고 한다. 수업이 끝나면 함께 공부도 하고 밥도 해 먹을 수 있다. 굳이 영화관에 가지 않아도 비디오를 빌려 영화도 감상한다. 남녀가 결혼하면 이런 신혼생활을 보내는 걸까? 박성호 씨는 문득 이런 생각에 잠기며, 어제 먹다 남긴 밥과 반찬을 꺼내 저녁을 준비한다.

1인 가구에서 창업을 보다.
502호 직장인

기술엔지니어로 근무 중인 박정태(52세, 가명) 부장은 요즘 큰 고민에 빠졌다. 25년 가까이 현재 근무하고 있는 회사에서 최선을 다해 일을 한 결과로 직장 동료보다도 승진이 평균 2년이나 빨랐던 그였지만, 이젠 빠르게 치고 올라오는 후배들을 의식해야 하는 나이에 접어들었기 때문이다. 박 부장은 중요한 업무에서 본인이 조금씩 소외되고 있다는 것을 종종 느낀다. 이럴 때마다 회사를 그만둘까도 생각해 보지만 "막상 회사를 그만두면 뭘 하지?"라는 생각이 뒤따르고, 결국 돌아오는 대답은 언제나 '현재에 충실하자'였다.

그런데 지난달 3년 선배인 최남기(가명) 이사가 갑작스럽게 명예퇴직을 신청하자 그의 마음도 흔들리기 시작했다. 인터넷에 '창업'이라는 단어를 검색하는 일이 많아졌고, 신문과 뉴스를 보더라도 자기처럼 직장생활을 하다 창업전선에 뛰어들어 성공한 사람들의 이야기에 관심을 갖기 시작한 것이다. 3개월 후, 박정태 부장은 미련 없이 사표를 냈다. 25년 동안 정들었던 회사를 떠나 새로운 일을 한다는 것이 그에겐 넘을 수 없는 거대한 파도처럼 느껴졌다. 하지만 당당하게 넘어서기로 결심한 것이다. 회사에서 나온 그가 주목한 창업아이템은 바로 1인 가구였다.

정태 씨는 성공 창업을 위해 스스로에게 몇 가지 조건을 제시했다. '혼자서 일할 수 있고, 초기 투자비용이 적어야 하며, 특별한 기술이 없어도 시작할 수 있어야 한다'는 것이었다. 아무런 기술도 없이 창업을 시도하는 데에 따른 리스크를 최대한 줄이기 위한 정태 씨만의 방편이었다. 이를 위해, 직장을 그만두기 몇 개월 전부터 퇴근하면 곧바로 집으로 귀가하지 않았다. 동료들과 회식을 갖는 자리도 과감하게 줄였다. 무조건 발품을 팔아야 좋은 아이템을 건질 수 있다고 믿었기에, 틈나는 대로 시장조사에 나섰다. 처음엔 무작정 돌아 다니다보니 특별한 소득 없이 그냥 걷는 것에 만족해야 했다. 그런데 1개월 정도를 걷고 나니 주변 상황이 눈에 들어오기 시작했다. 특히 신촌 대학가나 역삼동 오피스텔촌을 돌아 다니다가 새로운 사실을 깨닫기 시작했다. 바로 혼자 사는 사람들이 의외로 많다는 것이었다.

혼자 식사하는 사람도 쉽게 볼 수 있었다. 예전 같으면 '어떻게 혼자 먹을 수 있을까?'라고 생각했겠지만 이제는 '어디서 혼자 먹을 수 있을까?'라는 생각을 가지고 살펴보니 주위에 혼자 먹는 사람을 위한 음식점과 서비스 업종이 하나둘씩 눈에 들어오기 시작했다. 커피전문점에 가면 커피 한 잔을 주문해 놓고 노트북을 꺼내 열심히 무언가를 작성하는 사람들도 눈에 띄었다. 홍대 주변에 혼자서 먹을 수 있는 독서실형 식당이 있다고 해서 직접 찾아가 시식도 해봤다. 혼자 노래할 수 있는 노래방에 들어가기도 했다. 어떤 때는 영화표 한 장만 구입한 후 연인들 속에 섞여서 영화도 봤다. 짧은 시간이지만 직접 시장조사하고 혼자 사는 사람들의 생활패턴과 문화를 간접적으로 체험하고 느끼면서 1인 가구를 대상으로 한 창업아이템을 찾았다. 물론 '혼자서 일할 수 있고, 초기 투자비용이 적어야 하며, 특별한 기술이 없어도 시작할 수 있어야 한다'라는 조건을 되새기면서 말이다.

그렇게 무작정 돌아 다닌 지 2개월쯤 되었을까? 대형 오피스텔 촌을 걷던 정태 씨의 눈에 세탁소가 들어왔다. 그런데 이렇게 많은 오피스텔이 밀집한 지역에 세탁소가 달랑 하나라니. 1인 가구가 많이 거주하는 대형 오피스텔 단지면 분명 세탁편의점이 잘 될 것이라는 확신이 들었다. 혼자 사는 사람이 많으니 그들이 내놓는 세탁물도 많을 것이라 생각하고 정태 씨는 마침내 세탁소를 창업하게 된다.

세계적으로 교육수준이 높은 싱글족이 늘어나고 있다. 특히 20 · 30대 독신여성이 문화와 소비의 새로운 주체로 떠올랐다.

[스위스 다보스포럼 2008년 1월]

2000년대 이후 우리 사회는 급격한 사회경제 문화적 변화를 경험하고 있다. 소위 '압축적 근대화'와 '압축적 고령화'가 이 변화를 요약하는 단어다.

[장경섭 2009]

우리 사회는 하나의 가족(Family)이 아니라 가족들(Families)이 존재하고 있으며 이러한 가족들 간의 다양한 차이에 주목할 필요가 있는 것이다.

[문소정 2008]

과거에 많은 가족으로 활력이 넘치던 주택단지도 지금은 독신자가 늘어 낮에조차 적막하다.

[NHK '내일의 일본 프로젝트' 구라하타 미유키 기자]

"1인 가구는 간편함, 편리함을 추구하는 트렌드와 함께 소포장, 소용량 식품 선호가 늘고 간편한 완전조리, 반조리 식품 시장을 크게 성장시킬 것이며, 소형주택이 보편화됨과 동시에 홀로 노후를 준비하는 1인 가구일수록 자산관리나 재테크 산업이 성장할 수 있다."

[KB금융지주, 솔로 이코노미 성장과 금융산업보고서]

연금 혜택 등 경제적 여유가 있는 노령층을 중심으로 반려동물에 대한 수요가 늘어나고 있다.

[황명철 농협경제연구소 축산경제연구실장]

쟁점이 되는 특정 기대치로부터 부정적인 방향으로 이탈하지 않는 사람이 정상인(the normals)이다. 하지만 정상인은 양적 다수일 뿐 아니라 헤게모니적 가치관에 순응하는 집단이다.

[어빙 고프만 사회학자]

싱가포르 통계청이 최근 발표한 2013년 인구동향에 따르면, 미혼, 이혼, 배우자 사별 등으로 인한 1인 가구는 지난 1992년 3만 2천400명에서 지난 2012년 10만 9천500명으로 3배 이상 급증했다.

[연합뉴스/2014.3.3]

무소유란 아무것도 갖지 않는 것이 아닌 불필요한 것을 갖지 않는 것

[법정스님]

1인 가구는 연평균 13만 9천 가구가 증가할 것으로 전망되고 있다.

[통계청, 2012]

현재 1인족들은 가장 뜨거운 트렌드 세터(trend-setter)다.

[조희영 네이버 검색광고 전문작가]

세계 최대 전자상거래업체 알리바바는 이날 싱글즈 데이 할인행사를 시작한지 17분 만에 10억 달러(약 1조 900억 원)의 매출을 올렸다고 CNBC 등 외신이 보도했다. 1시간이 지나자 매출이 20억 달러로 껑충 뛰었다.

[동아일보/2014.11.13]

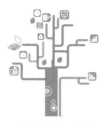

즐거운 왕따, 나홀로 경제학

IV

솔로 이코노미의 시작

"8조 원대 솔로 이코노미가 뜨고 있다. 첫 번째 배경은 혼자 사는 사람이 늘고 있기 때문이며 국내 1인 가구 비중은 전체 24%에 이른다. 이런 추세는 세계적인 현상이다"

— 매일경제(2012.8.13)

솔로 이코노미의 시작

비즈니스의 뉴웨이브,
솔로 이코노미

싱겔링겐은,
싱글의 반지라는 의미의 스웨덴어로, 미혼자들 사이에서
큰 인기를 끌고 있으며, 연예인도 동참하고 있다.

1인 가구는 정치, 경제, 사회, 문화 등 다양한 분야에 영향을 미치고 있다. 결혼생활에 실패했지만 낙오자로 살지 않고 오히려 그것을 새로운 기회로 삼아 재도전한 결과, 큰 부자가 된 경우나 골드미스지만 능력을 인정받아 대기업 간부에까지 오른 사례 등은, 솔로들의 가능성과 능력을 잘 보여주고 있다. 이들의 사회적 활동 범위가 넓어지고 역할이 다양해짐에 따라 이들을 대상으로 한 시장도 급속도로 확대되고 있다.

이미 1인 가구는 우리나라 전체 가구의 1/4에 육박하는 수준이다. 네 집 건너 한 집이 1인 가구인 셈인데, 이들이 전체 가구의 소비에서 차지하는 비중도 날로 증가하고 있다. 특히 개성 있는 1인 가구의 취향에 발맞춰, 좀 더 새롭고 특색 있는 제품과 서비스 등이 하루가 다르게 선보이고 있다. 이것이 1인 가구를 주목해야 하는 이유다.

최근 일본에서는, '페어(pair, 짝)' 상품이 출시되어 혼자보다는 둘이 왔을 때 할인을 더 해주는 호텔의 상품이 유행하고 있다고 한다. 우리나라로 말하면, '1+1' 할인행사라고 할 수 있다. 일본의 경우에 워낙 1인 가구 수가 우리나라보다 많기에 이런 이벤트를 통해서라도 1인 가구의 주머니를 열게 하는 것이다. 특히 고령의 노인 중에는 연금을 받아 생활이 여유 있는 반면, 혼자 지내는 경우가 많아 이들이 소비하게끔 동반자 상품을 내놓는 것이다. 나이가 들어 혼자 움직이기를 싫어하는 노인들이, 함께하는 페어상품을 통해 소비할 수 있도록 유도하고 있다.

1인 가구가 생산하는 재화와 소비하는 물건에 관심을 기울여야 한다. 그리고 그들이 먹고 마시고 체험하는 서비스에도 눈을 돌려야 한다. 시간이 흐를수록 사회와 문화는 변한다. 사람의 모습은 그대로지만 입고 먹고 소비하는 문화는 기술의 발전과 더불어 빠르게 변화하고 있다. 과거에는 한 가구라 하면 4명을 기준으로 삼았지만, 이제는 1인도 엄연히 하나의 독립된 가구로 인정하는 것이 현재의 분위기이다.

1인 가구가 몰려오는 소리가 들리는가? 심지어는 두 집을 오가며 혼자 지내는 이른바 0.5인 가구의 사람들도 등장할 정도로, 세상은 점점 작아지고 쪼개지고 있다. 1인 가구의 소비가 전체 소비에 영향을 미칠 정도로 큰 힘을 갖게 되었으며, 그 결과 이들을 주목해야 하는 시대가 온 것이다. 그들이 어떤 소비를 하는지, 어떤 물건을 선호하는지, 어떤 취미를 가지고 활동하는지를 파악해보자. 당신에게 새로운 비즈니스의 바다가 펼쳐질 것이다.

〈0.5인 가구〉 싱글족 가운데 2곳 이상에 거처를 두거나 잦은 여행과 출장으로 집을 오래 비우는 사람들을 일컫는다. 직장 근처에 방을 얻어 혼자 살지만 주말에는 부모가 있는 집에 가서 가족들과 함께 시간을 보내는 케이스가 대표적이다. 적극적인 여가활동을 만끽하느라 주말엔 늘 집을 비우는 사람도 여기에 속한다. 0.5인 가구가 1인 가구와 구분되는 가장 큰 특징은 집에 머무는 시간이 훨씬 더 짧다는 데 있다. 〈한경 경제용어사전〉

아메리카노, 와 이리 많노

주위의 시선은 아랑곳하지 않고 열심히 데이트를 즐기고 있는 한 쌍의 남녀가 유리창 너머로 보이고 있다. 그런가 하면 그들 옆 테이블에는 커피 한 잔을 놓고 이어폰을 꽂은 채, 무언가를 들으며 열심히 노트북 타이핑을 하고 있는 학생들의 모습이 보인다. 대학가는 아니더라도 어디서나 쉽게 볼 수 있는 커피숍의 한가로운 모습이다. 아마도 대학생들일 것이다. 커피문화가 자연스럽게 우리 생활 속에 파고든 것은 해외유학을 다녀온 젊은이들이 많아지면서부터다. 해외여행이 자유화되고 해외로 유학이나 연수를 가는 것이 쉬워지면서, 저마다 미국이나 유럽 등 선진국에서 접한 테이크아웃 커피의 향과 추억을 잊지 못한 학생들이 국내에서도 커피 즐기는 것을 이어오면서, 커피가 이제는 대중문화의 아이콘으로

자리 잡았다. 점심을 라면으로 때우더라도 테이크아웃 커피 한 잔 정도
는 빼놓지 않고 찾는 필수 코스가 된 것은 이미 오래전 얘기다.

웬만한 상권이 형성되어 있는 곳이라면, 커피전문점 하나 없는 건물이
없을 정도로 우리 주변에는 커피전문점이 많다. 관세청 조사에 따르면,
2013년 우리나라 성인 한 사람이 마신 커피는 총 298잔으로, 거의 매일
한 잔씩 마시는 것으로 나타났다. 또한 커피의 수입량도 큰 폭으로 늘어
서 2014년에만 커피 수입이 5만 4000톤으로, 전년 동기(4만 9000톤)에
비해 10% 가량 증가했다고 한다. 그야말로 우리는 커피왕국에 살고 있
으며, 커피 없이는 하루도 못 살 정도가 된 것이다.

커피가 우리나라에 처음 소개된 것은 1890년경으로 추정된다.

일본의 감시를 피해 1895년 러시아 공관으로 피신했던(아관파천) 고종
황제가 러시아 공사였던 웨베르의 권유로 커피를 처음 마신 것이, 우리
나라 커피 역사의 시작으로 알려져 있다.

1968년 동서커피가 최초로 인스턴트커피를 생산하기 전까지는, 미군
을 통해 비공식적으로 보급된 커피만이 다방 등을 통해 일반인들에게 전
해졌다고 하는데, 충무로와 종로 일대를 중심으로 하나둘씩 생기기 시작
한 다방에 문화예술인들의 발길이 잦아지면서, 다방에 앉아 음악을 들으
며 한 잔을 마시는 것이 유행하기 시작했고 대중문화의 한 부류로서 국
민들의 삶 속으로 깊이 침투하기 시작했던 것이다.

고종 황제 이후 우리나라에서 약 120여 년의 역사를 이어온 커피는 오늘날 대한민국 국민이 즐기는 기호식품의 대표주자로 자리를 잡았다.

대한민국 어디에 가도 커피전문점이 없는 곳은 눈을 씻고 찾아봐도 힘들 정도다. 시골 농부도 읍내 정도만 나가면 다방이 아닌 커피전문점에서 여유 있게 아메리카노를 음미할 수 있을 정도가 된 것이다.

이로 인해 커피의 시장규모는 6년 동안 3배 이상 성장했고, 관련 시장도 6조 2천억 원대의 성장세를 보이고 있다.

커피의 주 고객층에 속하는 1인 가구도 커피 시장의 변화를 이끌고 있다. 1인 가구의 등장은 커피문화가 우리나라에서 빠르게 자리 잡는 데에 큰 기여를 했다. 점심 식사 후 커피 한 잔의 여유도 친구들과 함께였던 그 시절은 옛날이야기가 되었으며, 이제는 갓 볶은 커피향을 즐기며 시간을 보내는 1인 가구가 늘고 있는 것이다. 특히 원룸을 중심으로 한 대학가나 직장인들이 밀집한 여의도 등지의 주택가에서 커피 한 잔을 놓고 여유를 즐기는 솔로들의 모습을 찾아보는 것은 그리 어려운 일이 아니다. 식사 끼니는 건너뛰어도 커피 한 잔만큼은 손에 쥐어야 뭔가 일하는 느낌이 보편화된 시기를 살고 있는 오늘날이다.

혼자 사는 1인 가구에게 커피가 필수 음료가 되면서 이를 담는 커피 텀블러와 같은 도구도 없어서는 안 되는 생활용품으로 자리 잡았다. 특히 혼자 사는 솔로들이, 무겁고 사용 방법이 어려운 에스프레소 머신보다는 경제적이면서도 사용이 간단하고 관리가 편한 것을 찾으면서 '캡슐커피'

도 주목을 받고 있다. 하나씩 밀봉된 캡슐커피는 향이 날아가지 않고 위생적이라 혼자 지내는 사람들이 특히 선호한다. 구석구석 세심하게 청소할 필요도 없어 간편함을 추구하는 솔로들의 오감을 만족시키기엔 안성맞춤이다. 이런 취향으로 인해 캡슐커피 시장이 크게 성장하고 있는데, 현재 국내 캡슐커피의 시장 규모는 300억 원대로 추정되고 있다. 1조 3000억 원대의 믹스커피 시장규모에 비해서는 미미한 수준이지만 꾸준히 성장하고 있다. 캡슐 커피 머신은 지난 2007년부터 한동안 '필수 혼수 품목'으로 꼽히기도 했다. 2011년 판매 증가율은 전년 대비 245%까지 증가했고, 2013년 전체 캡슐 커피 머신의 판매대수는 10만 5800여대로 추산되는데, 이는 전년 대비 16.5%가 증가한 수치이다.

편의점에서도 커피 원두를 구입할 수 있게 됐다. 편의점 '세븐일레븐'은 1~2인 가구를 위한 소포장 분쇄 원두를 판매한다고 19일 밝혔다. 이번 상품은 편의점 원두커피 매출이 꾸준한 증가세를 보이고 있기 때문에 마련한 것이다. 세븐일레븐이 지난 1분기 동안 카페형 편의점에서 판매한 원두커피 매출을 조사한 결과, 전년 동기 대비 23.7% 증가한 것으로 나타났다. 〈뉴스토마토/2012.4.19〉

1인 가구의 수가 늘면서 주택가 골목을 겨냥한 커피점이 늘고 있다. 그러나 주택가가 즐비해 있는 골목에서 손님들을 끌어오기란 쉽지가 않다. 1인 가구의 경우 부담 없이 홀로 시간을 보낼 만한 공간이 필요하다. 조용한 곳을 원하거나 연인이나, 오랜만에 산책을 나오는 가족들의 경우에도 마찬가지이다. 이에 따라 커피전문점들은 더

이상 '커피'만 팔 수 없게 되었다. 쿠키와 디저트 등의 다양한 아이템을 끌어 오면서 손님몰이에 나서게 된 것이다. 이와 함께 떠오른 창업아이템이 바로 브런치 카페다.

〈동아일보/2013.4.30〉

혼자 마시는 술

한때 한류 바람을 타고 웰빙 음료로 인기를 끌던 막걸리의 수출이 3년째 가파른 내리막길을 걷고 있다. 반면 다양한 맛을 앞세운 수입 맥주가 국내시장을 빠른 속도로 파고들고 있다. 〈연합뉴스/2014.9.25〉

　독특한 맛과 향이 있어 기분을 좋게 하고 때로는 흥분 효과를 내는 식품을, 우리는 흔히 기호식품이라고 한다. 대표적인 기호식품으로는 담배와 술이 있다. 음료 중에는 커피가 대표적이며 사이다와 콜라 같은 청량음료와 녹차, 코코아 등도 기호식품에 속한다. 사람의 기분을 좋게 하는 식품이기 때문이다. 이밖에 초콜릿이나 과자 등도 때에 따라 기호식품에 포함되기도 한다.

　음식은 인간의 역사와 함께 다양한 방식으로 모습을 바꿔왔다. 생존을 위한 수단이라는 기본적인 목적이 깔려 있지만, 삶이 윤택해지고 여유가 생기면서 음식이 생존을 위한 단순한 먹거리로서가 아니라 좀 더 세련된 상품으로 포장되기 시작했다. 한때 최고의 인기를 누렸던 막걸리의 인기는 시들해지고 수입 맥주가 국내시장에 빠르게 파고들고 있다. 맥주 수입액은 2014년 1~8월 동안 약 7천292만 달러이며, 연간 맥주 수입액 증가율(전년대비)은 21.8%나 되었고, 2010년 17.7% 이후 매년 두 자릿수를 유지하고 있다. 맥주 수입이 증가하면서 덩달아 수입맥주 전문점도 증가하고 있다. 퇴근 시간이 다가오면 국가별로 다양한 맥주를 음미하기 위해 삼삼오오 모이는 직장인들이 늘고 있다. 여기에다 1인 가구의 증가도 수입맥주 소비에도 큰 영향을 미치고 있다. 혼자서 가볍게 한잔하고 싶어 하는 솔로들이 많기 때문에 발 빠른 사업자는 1인 가구를 겨냥한 아이템으로 성공스토리를 써가고 있다. 스몰비어로 불리는 '봉구비어' 가 대표적인 사례다.

　혼자서 가볍게 먹을 수 있는 메뉴를 개발한 봉구비어는 가격부담도 낮췄다. 특히 감자 메뉴 한 가지와 맥주 한 잔을 5천 원 정도로 먹을 수 있게 부담을 낮췄기 때문에 솔로를 포함하여 많은 사람들이 즐겨 찾는 명소가 된 것이다. 봉구 비어가 프랜차이즈 사업의 성공 사례가 되자, '영구비어, 달구비어, 달봉감자' 등의 이름의 맥주전문점도 뒤따라 성업 중에 있다. 이제 홀로 앉아 맥주 한 잔을 하고 집으로 발길을 돌리는 직장인과 솔로들의 모습은 퇴근 무렵 쉽게 볼 수 있는 풍경이 되었고 더 이상 낯설지 않다.

　스몰비어가 성공할 수 있었던 가장 큰 이유로는 저렴한 가격을 들 수 있다. 하지만 개인적인 소비를 위해 적극적으로 움직이는 1인 가구의 소비심리를 읽고 그들을 위해 영업환경을 변화시켰던 사업주들의 노력이 결정적인 역할을 했다고 할 수 있다. 스몰비어의 성공으로 앞으로 솔로들을 위한 외식업은 더욱 더 늘어날 것으로 전망된다. 혼자인 손님도 매출을 올릴 수 있는 귀한 존재로 대접받기 시작했다. 혼자 먹을 수 있는 샤브샤브집이 이미 성업 중이며, 혼자만 가야 앉을 수 있는 자리만 준비된 식당이 입소문을 타는 것도 이러한 변화를 반영하고 있다.

우리보다 문화적으로 몇 년 정도를 앞서가는 일본에서는 이미 혼자 오는 손님을 위한 식당이나 선술집이 대세로 자리 잡아가고 있다. 잃어버린 10년을 경험한 일본으로서는 경기침체로 인한 회식문화가 줄어들면서 자연스럽게 생겨난 현상이라고 볼 수 있다. 〈일본 오사카에 위치한 한 선술집 모습〉

바람이 분다, '1인용 푸드' 바람이

홀로 식당에서 식사를 하는 것은 더 이상 부끄럽거나 어려운 일이 아니다. 결혼 가치관의 변화나, 이혼의 증가, 개인주의 확산 등을 이유로 1인 가구가 끊임없이 증가하고 있기 때문이다. 외식업계도 예외는 아니다. 2014년도 상반기의 외식트렌드로 '1인 메뉴'가 당당히 상위에 올랐으며, 업체에서는 홀로 즐기기에 적합한 메뉴 개발로 새로운 소비계층의 마음을 사로잡기 위한 노력이 한창이다. 〈머니위크/2014.9.9〉

7080세대라면 누구나, 어스름 새벽녘에 머리맡에서 소풍 가는 자식을 위해 김밥을 말고 계시던 어머니의 모습을 기억할 것이다. 고소한 참기름 냄새에 반쯤 떠진 눈을 비비며 금방 썰어낸 김밥 꼬투리를 입에 넣고는 우물거렸던 그 시절의 추억 말이다. 그런데 이제는 동네마다 김밥

전문점이 생기면서 집에서 김밥을 만드는 일은 추억 속으로 밀려났다. 먹을 것이 풍요로워지고 바쁜 시대를 살아가다 보니 자연스럽게 사먹는 김밥의 맛에 사람들이 길들여지고 있다. 김밥은 어머니가 만들어 정이 담긴 즐거운 간식거리에서 급하게 한 끼를 때우는 간편식의 대명사가 됐다.

몇 년 전 서울 노량진 고시촌에서 공부하는 고시생들이 즐겨 먹는 음식이 언론을 통해 소개된 적이 있다. 그 이름은 바로 '컵밥'이다. 주머니가 가벼운 고시생들이 라면이나 김밥보다는 집밥과 같은 느낌을 주는 컵밥을 찾게 되었고 이 메뉴가 노량진 고시촌을 대표하는 메뉴가 되었다는 것이다. 그런데 최근 외식업 관련 기업들이 앞 다투어 '컵밥'에 관심을 두고 있는데, 이는 1인 가구의 증가와 연관이 깊다. 혼자 사는 사람들이 김밥이나 삼각 김밥에 지루해 하는 모습을 보이자 이를 대체할 수 있는 신메뉴를 개발해 시장선점에 나서는 것이다. 예상은 적중했고 컵밥 시장은 1천억 원대 규모로 성장하면서, 18년 동안 시장에서 철옹성 같이 한자리를 차지해온 '햇반' 시장도 넘볼 정도가 됐다.

'1인용 푸드' 바람이 외식업계에서 거세게 불고 있다. 피자하면 떠오르는 이미지는 여럿이 함께 한 조각씩 입에 물고 웃는 장면이다. 피자 광고에 등장하는 모델도 유명 아이돌 그룹이 대다수를 차지한다. 함께 먹는 즐거움을 표현하기 위해 혼자보다는 여러 명의 모델이 기용되는 것이 그동안 피자 광고의 관행이었다. 하지만 피자업계도 변하기 시작했다.

아무리 맛있다 하더라도 피자 한 판을 혼자 먹기에 부담스러운 1인 가구는 피자 주문을 망설이기 마련이다. 이런 1인 가구의 심리를 간파하고 1인용 피자, 일명 '솔로피자'를 만들어 출시한 전문점이 등장하기 시작했다. 이곳에서는 지름이 약 20cm에 불과한 소형 사이즈의 피자를 10개의 매장에 안테나숍 형태로 선보였다. 음료를 포함한 점심식사 가격을 5500원에 출시하면서 혼자 먹는 고객들의 폭발적인 반응을 이끌어냈다. 혼자인 소비자의 욕구를 충족시킬 수 있는 제품으로 승부수를 띄운 것이다.

커피전문점도 1인용 푸드 개발에 박차를 가하고 있다. 여름철 인기 메뉴 가운데 하나인 팥빙수를 혼자 먹을 수 있는 컵빙수 형태로 개발했다. 그 결과는 기대 이상이었다. 팥빙수가 먹고 싶지만 혼자 먹기엔 양이 너무 많아 고민이었던 솔로들이 더 이상 고민할 필요가 없게 된 것이다. 혼자 먹을 수 있는 적당한 양이면서 가격까지 내려간 팥빙수를 그들이 언제든 주문해 먹을 수 있게 된 것이다. 최근엔 망고와 블루베리 등 다양한 재료가 들어간 '컵빙수'가 출시되면서 팥빙수 시장이 후끈 달아오르고 있다.

그런데 1인용 푸드가 이렇게 빠르게 증가할 수 있었던 이유는 어디에 있을까? 바로 급속냉동 기술의 발전에 있다. 바쁜 현대인들이 신선식품보다는 냉동식품을 많이 찾게 되면서 이들의 요구에 부합하는 냉동식품을 다양하게 만들 필요가 있던 것이다. 그 결과 이들 식품이 점차 판매대의 중앙자리를 차지하기 시작했다. 게다가 급속 냉동식품이 신선제품보다 맛과 영양에 있어서도 크게 뒤쳐지지 않는다는 연구 결과도 나올 정도로 냉동식품이 대중속으로 깊이 파고든다. 아울러 냉동식품은 불규칙한 생활로 식사를 제대로 챙겨먹지 못하는 1인 가구에게도 인기를 끌게되었고 최근엔 즉석 냉동밥과 같은 제품이 등장하면서 1인용 푸드시장을 달구고 있는 것이다.

냉장고에 5일간 보관한 신선 농산물과 급속 냉동 농산물을 비교한 결과, 두 농산물의 영양 성분이 비슷한 것으로 나타났으며, 일부 급속냉동 농산물은 냉장 보관한 신선 농산물보다 영양학적으로 우수했다. 〈미국 조지아 대학교 연구진〉

라면의 1인 경제학

우리나라 최초의 라면은 언제 나타났을까? 업계에 따르면, 1963년에 출시된 '삼양라면'이 최초라고 한다. 1960년대 초 시장거리에서 한 그릇에 5원 하는, 일명 '꿀꿀이죽'을 먹기 위해 늘어서 있는 줄을 본 삼양식품의 명예회장이 낸 아이디어가 라면의 시작이었다고 한다. 하지만 출시 당시엔 생소한 먹거리가 사람들 입맛을 만족시키기 힘들었고, 출시 후 1년 동안엔 무료 시식행사를 해야 할 정도로 고전을 면치 못했다고 한다. 그러나 1960년대 들어서면서 정부가 적극적으로 혼분식 장려 정책을 편 덕분에, 라면은 주식인 밥과 함께 우리 식탁에서 빼놓을 수 없는 중요한 메뉴로 자리 잡기 시작했다.

　라면이 시장에 처음으로 그 모습을 보인 이후 60년이 지난 요즘, 슈퍼마켓에 가면 헤아릴 수 없을 정도로 많은 수의 라면들이 진열대 하나를 가득 차지하고 있다. 이는 라면이 얼마나 확실히 우리의 삶 속에 깊숙이 자리 잡았는지를 잘 보여준다. 식사대용이라기보다는 이제는 기호식품으로서 그 다양한 맛과 디자인을 선보이며 시장을 넓혀가고 있다.

　라면의 뒤를 이어 시장에 또 한 번 바람을 일으킨 것이 있다. 바로 컵라면이다. 컵라면이 처음 등장했을 무렵에 학교를 다닌 사람이라면 기억할 것이다. 컵라면의 국물 한 모금을 얻어먹기 위해 친구들과 치열하게 밀치기 경쟁을 했었던 그 때를. 최초의 컵라면인 '삼양컵라면'은 1972년 3월에 출시됐는데, 출시된 해에는 큰 인기를 얻지 못했다고 한다. 컵으로 먹는다는 사실이 호기심을 얻을 수는 있었지만, 봉지라면에 비해 가격이 비쌌고 실제 대부분의 가정이 4인 이상으로 구성되어 있어 혼자 먹기에 편한 구조로 만들어진 컵라면은 그다지 어울리지 않았기 때문이다.

　하지만 우리 사회가 농경중심에서 제조업 중심으로 변화하면서 컵라면도 팔리기 시작했는데, 제조업이 활발해지면서 각자의 일자리를 찾아 떠나는 개인들이 늘면서 컵라면 소비도 함께 늘어난 것이다. 혼자 먹어야 하는 시간이 많아지면서 다소 번거로운 봉지라면 보다는 쉽게 먹을 수 있는 컵라면을 선호하기 시작한 것이다.

우리나라 국민 10명 가운데 7명 이상은 일주일에 1회 이상 라면을 먹는 것으로 나타났다. 일주일에 3회 이상 라면을 먹는 사람도 15%에 달했다. 세계라면협회(WINA) 자료를 보면 한국의 1인당 연평균 라면 섭취량(2013년 기준)은 74.1개로, 전 세계 국가 중 1위에 올랐다. 〈이데일리/2014.10.18〉

소포장으로 승부하라

현대인들이 느끼는 세월의 속도는 10년, 20년 전에 비해 2~3배 빠르다. 동일한 시간개념이지만 체감속도가 그만큼 빨라진 것이다. 빠른 변화만큼이나 식생활 문화도 '빠름과 간편함'을 추구하기 시작했다. 이로 인해 간편식에 대한 선호도가 높아졌다.

최근 농림축산식품부와 농수산식품유통공사는 '2013 가공식품 소비자 태도조사 결과' 보고서를 통해, 간편식 구입 경험이 2011년 40.5%에서 2013년 61.9%로 증가했다고 발표했다. 간편식을 구입하는 목적으로는, '시간이 절약돼서(39.6%)'가 1위를 차지했고, '직접 조리하는 것보다 저렴하다(20.6%)'와 '맛이 괜찮다(10.9%)'가 그 뒤를 이었다. 이용하는 연령대별로는 30대가 70% 가깝게 가장 많았고, 기혼보다는 미혼(64%)이 높은 비중을 차지했다.

요즘 마트나 편의점에 가면 소포장된 간편식이 다양한 옷을 입고 손님을 기다리고 있는 광경을 쉽게 찾아볼 수 있다. 모든 재료가 준비되어 있어 끓이기만 하면 완성되는 음식을 비롯해서 혼자먹기에 알맞은 양으로 만든 소포장 상품도 많이 출시되고 있다. 이런 소포장 음식과 재료는 바쁜 직장 여성들에게 큰 인기를 끌고 있으며, 간단하게 식사를 해결하려는 젊은 솔로들이 주 소비층이다. 최근엔 맞벌이 주부들도 이들 상품을 자주 구매하는 것으로 나타났다.

여성을 위한 즉석 냉장밥 4종 '잇슬림 라이스'

풀무원에서 제조한 냉장밥으로, 흑미곤약무밥, 아마씨드오곡밥, 검은약콩율무단호박밥, 녹차잎귀리밥 등으로 구성되었다. 이 냉장밥은 여성을 주요 소비층을 하며, 기존 즉석밥보다 20%가량 칼로리를 낮춘 것이 특징이다.

과일과 주스를 함께 즐긴다. '후룻볼'

돌코리아에서는, 과일이 먹고 싶지만 소량을 살만한 데가 없어 고민인 1인 가구를 위해, 113g 정도로 소포장된 과일 주스를 판매한다. 후룻볼은 과일주스 안에 과일을 포함시켜 간편하게 집이나 야외활동 시 이용할 수 있도록 편의성을 더했다.

호랑이가 작아졌어요, '소포장 시리얼'

호랑이 캐릭터로 어린이 시리얼 시장을 평정했던 캘로그에서도 소포장으로 변화된 시대적 흐름에 동참했다. 한 번 구입하면 한 달 이상을 먹을 수 있었던 대포장 용기와 별도로, 4~5번 안에 나눠 먹을 수 있는 200g대의 소포장으로 구성했다.

죽 전문점이 손안에 '아침엔본죽 5종'

프랜차이즈 죽 전문회사에서 출시한 죽 5종 세트다. 부담 없는 아침식사를 원하는 직장인, 특히 여성을 위해 우유보다 칼로리가 낮거나 비슷한 수준으로 제품을 만들었다. 계란버섯죽에서부터 한우사골죽에 이르기까지, 다양한 제품들로 입맛 까다로운 소비자를 유혹하고 있다.

간편식의 원조는 '삼각김밥'

누구나 한 번쯤은 야식이나 간식으로 먹어봤을 간편식은 다름 아닌 삼각김밥이다. 한동안 편의점을 대표하는 음식으로 어느 편의점 삼각김밥이 맛있는지도 회자 될 정도로, 1인 가구들에게 친숙한 음식이다. 이제는 종류도 다양하다.

1인 가구를 규정하는 가장 큰 특징 중 하나가 소포장(small)이다. 조금 더 작고 간편하게, 1인 가구는 혼자 사는 환경에 맞게 소포장 중심의 상품을 선호하고 있다. 기업들도 이런 요구에 발맞춰 다양한 상품을 쪼

개고 새로운 디자인으로 포장해 시장에 내놓고 있다. 앞으로 1인 가구가 늘어날수록 이런 제품들은 봇물을 이루며 출시될 것으로 보인다. 무수히 많은 상품 속에서 비즈니스적으로 성공할 수 있는 아이템을 찾아내고 여기에 아이디어를 접목해 새로운 상품을 만들어 내는 일은 솔로 이코노미 시대를 사는 현대인들의 필수 과제다.

1인 가구 증가의 최대 수혜주, 편의점

아파트보다는 단독주택이 많았던 시절, 어스름 저녁 무렵의 풍경 속에는 딱지치기와 술래잡기 등에 정신이 팔린 동네아이들이 있었다. 저녁 먹으라는 엄마의 목소리에 아쉬운 인사를 건네며 헤어졌던 그 시절. 그 중 아이들의 아지트는 어느 동네나 할 것 없이 구멍가게였다. 만물상자와 같았던 구멍가게는 없는 것 빼고는 그야말로 모든 것이 다 갖춰진 곳이었다. 특히 가게 앞 조그만 오락기계 앞에는 10원짜리 게임을 하려는 아이들로 빈자리를 찾을 수 없었다.

2014년 현재, 사방을 둘러봐도 구멍가게가 좀처럼 눈에 띄지 않는다. 지저분하기도 했지만 정감 있던 구멍가게가 있던 자리를, 밝은 불빛에 다양한 상품들로 빼곡히 채워진 편의점이 대신하고 있기 때문이다. 웬만한 생활용품은 갖추고 있기 때문에 "편리한 상점"이라는 뜻의 편의점은, 약 25년 전 우리나라에 처음으로 들어왔다.

1989년 5월, 미국의 The south land와 제휴한 '세븐일레븐'이 올림픽 선수촌에 개점을 한 것이 국내 최초의 편의점이었다. 당시 편의점 이용 경험이 없었던 시민들은, 동네가게와는 다르게 깔끔하게 정리정돈이 잘된 매장에 큰 관심을 가졌다고 한다. 1989년 전국에 7개로 출발한 편의점은, 2012년 연말 기준 2만 4,559개, 매출액은 11조 7,380억 원에 이를 정도로 엄청난 성장세를 보였다. 16개 시·도 가운데 경기도에 1,185개로 가장 많은 수가 있으며, 서울은 968개로 그 뒤를 잇고 있다. 점포당 하루 평균 매출액이 약 145만 원, 평균 고객 수는 359명에 달했다. 이제 우리나라는, 처음 그 모습을 나타낸 미국은 물론이거니와 최대 발흥지였던 일본과 대만을 제치고, 인구수에 비해서 가장 편의점이 많은 나라가 됐다.

편의점이 이렇게 놀라운 성장세를 유지할 수 있었던 것은, 생활패턴이 다양한 소비자들이 문을 열고 집밖을 나가면 쉽게 이용할 수 있을 정도로 최단거리에 편의점이 위치해 있었기 때문이며 무엇보다도 24시간 동안 문을 연다는 장점 때문이다.

29일 한국편의점협회에 따르면, 국내 편의점은 CU, GS25, 세븐일레븐 등이 전체 편의점의 85%(점포 기준)를 차지한다. 소매 채널 중에서도 편의점에 주목하는 이유는 인구구조의 변화와 맞물려 있다. 1인 가구와 노인의 비중이 높아지면서 가까운 거리에 있으면서도 24시간 쇼핑이 가능하고 한 끼 식사용 도시락 등 간단한 식사에다가 택배, 안전 상비의약품 판매 등 생활 밀착 서비스도 속속 도입되고 있기 때문이다. 메리츠종금증권에 따르면, 2010년부터 2013년까지 편의점의 연평균 성장률은 14.5%로서 유통시장의 연평균 성장률 4.7%를 크게 웃돈다. 〈서울신문/2014.8.30〉

2008년 글로벌 경기침체 이후로 최근 7년 동안 우리나라의 경기는 하향세를 보이고 있다. 저물가 상태가 지속되는데도 소비가 살아나지 않는, 이른바 디플레이션의 공포까지 언급되는 상황이다. 또한 백화점을 비롯한 대형마트들 또한 매출부진을 벗어나기 위해 안간힘을 쓰고 있지만 여의치 않은 상황이기도 하다.

하지만 편의점 업계의 경우는 상황이 좀 다르다. 불황을 모르고 성장하고 있기 때문인데, 1인 가구가 증가하면서 생활용품과 식품군을 중심으로 매출 호조도 보이고 있다. 이용 소비자의 수가 늘면서 편의점도 새로운 변신을 꾀하고 있는데, 그 대표적인 사례가 택배서비스의 도입이다.

2001년 5월, 당시 LG25와 훼미리마트, 바이더웨이 등 편의점 3사가 공동출자해서 e-CVS NET(주)를 세우면서 전국적인 택배망을 만들었다. 정해진 시간에만 택배와 우편업무를 진행하는 우체국과는 다르게 24시간 영업을 무기로 하여 택배 업무를 시작한 것은 동종업계에겐 크나큰 도전이었다. 이후 2012년에 4개의 편의점 브랜드를 통해 배송된 택배 물량이 총 1000만 상자를 기록했다고 하니, 그야말로 편의점 택배 전성시대라 해도 과언이 아니다. 그런데 편의점 택배 업무가 성공적으로 자리 잡을 수 있었던 배경에도 1인 가구가 존재한다. 평상시에 집안에 사람이 없기 때문에 택배 물건을 직접 받는 일이 어려워진 솔로들이 24시간 이용 가능한 편의점을 선택했기 때문이다. 근거리에 위치한 편의점을 통해 우편물과 택배 물건을 받고 보내는 1인 가구가 빠르게 증가하면서 편의점의 소비 지도까지 바뀌고 있다.

직장인 이민영 씨는 인터넷쇼핑몰에서 구매한 구두가 잘 맞지 않자 회사 앞 GS25 편의점을 찾았다. 이 씨는 배송된 박스에 구두를 담은 후 택배기기에 쇼핑몰거래 승인번호를 입력해 보냈다. 새로 배달된 딱 맞는 사이즈의 구두도 반송했던 편의점에서 다시 받았다. 이 씨는 "종일 집을 비우는데 택배를 받아 줄 사람도 없고, 회사에 택배기사를 부르자니 눈치가 보였다"며, "편의점에서는 시간에 구애받지 않아 종종 택배 서비스를 활용 한다"고 말했다. 〈매일경제/2012.11.9〉

불황의 구원투수에서
효자상품으로… 삼각김밥

24시간 언제든지 문만 열고 나가면 생활필수품과 음식료를 쉽게 구할 수 있는 편의점, 과연 이곳을 이용하는 소비자는 얼마나 될까? 한국편의점협회의 조사에 따르면, 우리나라의 편의점 한 곳당 인구수는 대략 2천여 명으로 추산되는데, 이 가운데 편의점을 이용하는 고객 중 20대가 차지하는 비율은 31%(2012년 기준)로 전체 1위를 차지한 것으로 나타났다. 20대가 편의점을 가장 많이 이용하는 단골 고객이라면, 20대가 많은 비중을 차지하고 있는 1인 가구가 편의점 성장에 큰 영향을 미치고 있음을 부인할 수 없다.

편의점 하면 대표적으로 떠오르는 음식이 있다. 컵라면과 삼각김밥이다. 특히 삼각김밥은 실물경제와도 밀접한 관계를 가지고 있는데, 전상인 교수의『편의점 사회학』에 따르면, 삼각김밥의 역사는 1980년경 일본의 편의점에서 그 시작을 찾을 수 있다. 당시 일본은 거품경제가 붕괴할 무렵이라, 일반 사회인들은 밥 먹을 시간도 없이 일만 해야 하는 분위기였다. 따라서 짧은 시간에 한 끼를 때울 수 있는 삼각김밥은 대히트를 쳤고, 이후 '잃어버린 10년'을 겪으면서도 저렴한 가격 덕분에 매출은 꾸준히 증가했다고 한다. 어려운 경기를 방어한 구원투수로서의 역할을 톡톡히 해낸 것이다.

우리나라도 비슷한 과정을 겪었다. 1997년 IMF 외환위기가 닥쳐오자 사람들은 삼각김밥을 찾기 시작했다. 이후 2003년 글로벌 경제위기와 2009년 미국발 서브프라임 사태가 이어지면서, 우리나라의 경제는 크게 흔들렸지만 삼각김밥의 매출만큼은 지속적으로 증가했다. 비싸지 않은 가격 덕분에 불황이라는 터널을 걷는 서민들에게 값싸지만 힘주는 한 끼 식사였고, 매출이 부진한 편의점업계에게는 효자노릇을 톡톡히 해낸 상품이었다.

2014년 현재, 삼각김밥도 편의점과 더불어 또다른 변신을 꾀하고 있다. 일반적인 맛을 벗어나 다양한 레시피로 소비자를 찾아가고 있는 것이다. 과거 삼각김밥이 주머니가 가벼운 사람들을 위한 간편식이었다면, 지금의 삼각김밥은 돈이 있어도 시간이 없어서 간단하게 한 끼를 대신하려는 사람들의 만족도를 높이기 위해 다양한 레시피로 변신을 시도하고 있는 것이다. 특히 개성 있는 삶을 살아가는 1인 가구들이 증가하고 그들의 수요도 늘어나면서 삼각김밥 시장은 더욱 확대되고 있다.

혼자 사니 외롭고,
혼자 사니 두렵다

'서울시 비혼 여성 1인 가구 정책지원방안수립' 조사에 따르면, 96.7%의 여성들이 '지역 중심의 안전체계 마련'을 우선 정책으로 꼽아, 홀로 사는 여성들의 안전에 대한 불안감이 잘 나타나고 있다. 〈서울시여성가족재단/2012〉

혼자 사는 사람들이 겪는 두 가지의 감정이 있다.

하나는 외로움이고, 또 다른 하나는 두려움이다. 혼자살기에 사람이 그립고, 혼자살기에 사람이 무섭다. 아이러니하지만 사실이며 현실이기도 하다.

1인 가구로 살아가는 사람들은 자신과 비슷한 생각과 취미를 갖고 있는 사람에게 호감을 느낀다. 당연한 이치다. 서로가 가진 다양한 정보를 공유하고 자신의 지식과 경험을 공유한다. 하지만 모임이 끝나고 집으로 귀가 할 때면 늘 두려움이 함께한다. 특히 솔로 여성의 경우엔 '혼자 지낼 때 강도라도 들어오면 어떻게 할까? 혼자 있다가 사고라도 나면 어떻게 해야 할까?' 이런 무서운 생각이 머릿속을 떠나질 않는다. 두려움은 다양한 공포 시나리오를 만들어 내기도 하는데, 뉴스와 드라마를 많이 본 사람일수록 상상력은 배가 된다.

세상이 복잡해지고 혼자 사는 1인 가구들이 크게 늘어나면서 그들을 위한 안전시스템도 새로운 비즈니스 영역으로 자리를 잡아가고 있다. 더욱 안전한 거주공간을 마련하기 위해 안전시설을 찾는 솔로들이 늘고 있다. 전문 보안업체인 KT텔레캅의 경우를 살펴보면, 이 회사는 혼자 사는 사람을 위한 '홈가드'라는 서비스를 제공하기 시작했는데, 이 서비스는 혼자 사는 여성이나 여대생들, 그리고 소규모 원룸이나 다세대 주택에 거주하는 사람들을 위해 24시간 출동서비스가 제공된다. 1~2인 가구들에게 적합하도록 설계되어 있으며 가격도 저렴한 것이 특징이다. 특히 스마트폰과 연동되어 있어서 혹시라도 침입자가 나타나면 무선센서가 작동하면서, 즉각적으로 경고 방송과 함께 지정된 연락처로 SMS문자가 발송된다. 아울러 비상벨로 관제센터에 긴급출동을 요청하면 안전요원들이 긴급 출동하도록 되어 있다.

택배를 위장한 범죄자를 예방하기 위해 어플리케이션도 인기다.

'문열기전'이라는 앱은 택배나 배달을 받을 때 외부인과 어쩔 수 없이 대면접촉을 해야하는 개인의 안전을 지킬 수 있는 서비스이다. 사용자가 문 열기 전에 스마트폰에 시간과 소리, 메시지, 받는 이 등에 대한 정보를 설정해 놓은 후 배달원과 만난다. 정상적인 배달이라면 택배 물건을 받은 후 방으로 돌아와 지정된 시간 안에 작동을 해제하면 상황은 종료된다. 하지만 위장 범죄자의 표적이 되어 어떤 조치도 하지 못하는 상황이 발생했다면 설정해놓은 시간이 지나 미리 설정된 내용에 따라 경보음과 구조를 요청하는 메시지가 발송되게 된다.

집에서 회사로 출근하는 길을 상상해 보자. 집 현관을 나오면 엘리베이터 안에 걸려 있는 CCTV가 가족을 대신해 출근인사를 건넨다. 지하철역까지 걸어가는 잠시 동안에도 여러 대의 CCTV가 우리를 지켜보고 있다. 지하철 플랫폼은 그야말로 CCTV 천국이다. 에스컬레이터에서부터 지하철 승차장에 이르기까지 한걸음 한걸음이 모두 CCTV에 고스란히 찍혀 컴퓨터에 저장된다.

이처럼 CCTV는 우리가 움직이는 모든 동선에서 우리를 지켜보고 있으며, 우리는 그런 사회 속에서 살아가고 있다.

게다가 CCTV는 계속해서 진화하고 있다. 최근 한 업체에서는 워킹맘이나 반려동물과 함께 지내는 솔로들을 위한 CCTV를 시장에 내놓았다. 집에 혼자 있는 자녀가 걱정인 워킹맘은 언제 어디서든 스마트폰으로 집

안을 살펴볼 수 있다. 또한 혼자 사는 1인 가구, 특히 젊은 솔로들은 퇴근 후, 집 안에 들어가기 전 CCTV에 기록된 영상이나 현재 집 안의 모습을 체크해 안전을 확인한 후 현관문을 연다. 모두가 혼자 살거나 혼자 있는 가족이 있어 불안감을 느끼는 사람들을 위한 기능인 것이다. 또한 강아지나 고양이 등 반려동물과 함께 생활하는 1인 가구의 수가 급속도로 증가하면서 가족이나 다름없는 반려동물의 안전을 걱정하는 솔로들도 많아지고 있는데, 24시간 지켜볼 수 있는 스마트한 CCTV는 이러한 불안을 한순간에 해소시킨다.

이런 기능들이 가능할 수 있는 것은 역시 스마트폰을 기반으로 한 IT 기술의 발전 때문이라고 하겠다. 같은 장소에 있지 않아도 모든 것이 확인이 가능한 기술의 진보 덕분에 1인 가구는 안전하게 살아갈 수 있는 것이다. 동물은 스스로를 보호하기 위해 특별한 것을 지니고 태어난다. 추위로부터 몸을 보호할 수 있는 털과 자신을 해칠 수 있는 천적으로부터 멀리 도망칠 수 있는 튼튼한 두 다리가 그것이다. 하지만 인간은 동물에 비해 너무나도 나약하고 스스로를 지킬 힘조차 없는 상태로 세상에 나온다. 때문에 자신의 안전을 지키기 위한 본능이 누구보다도 강하다. 더욱이 집단에서 분리되어 혼자 사는 사람들에게 있어 안전은 필수조건이다. 1인 가구가 증가하면서 안전에 대한 요구와 수요가 강력해지고 있다. 이와 관련된 산업도 다양한 모습으로 발전하고 있다. 1인 가구를 위한 안전관련 산업이 비즈니스의 새로운 분야를 개척하고 있다.

2014년 4월, 경기도 송탄 소방서에서는 1인 가구가 급증하면서 고독사도 증가하고 있어 이를 예방하고 애로사항을 해결하기 위해 1인 가구 안전지킴이를 운영한다고 밝혔다. 안전지킴이 활동은 관할센터 직원이 소외계층(주로 홀몸노인)에게 월 1회 안부 전화를 하고 생활환경을 정리하는 봉사활동을 벌인다. 또한 찾아가는 안전서비스의 일환으로 기초적인 건강 체크를 지속적으로 실시한다. 소방서 관계자는 "최근 고령 1인 가구가 급격히 증가하면서 일상생활 중에 위험에 노출되는 일이 많아 어르신들이 편안하고 안전하게 노후생활을 영위할 수 있도록 최선을 다하겠다"고 말했다. 〈경기매일/2014.4.1〉

혼자 살기 좋은 곳은 어디?

1인 가구의 특징 중 눈여겨봐야 할 점은 장소에 대한 책임에서 자유롭다는 점이다. 즉, 원하면 어떠한 곳이라도 쉽게 옮겨 다닐 수 있는 것이 1인 가구다. 1인 가구 중 자가 주택을 가지고 사는 사람보다는 전세나 월세 등의 임대를 통해 거주하는 비중이 가장 높고, 하숙이나 기숙사의 형태에서 거주하는 사람들도 우리 주변에서 어렵지 않게 찾을 수 있다.

소유보다는 임대와 공유에 더 매력을 느끼기 때문에 그들은 굳이 장소에 구애 받지 않는다. 『고잉 솔로 싱글턴이 온다』의 저자 에릭 클라이넨버그는 현대인을 '유한책임 공동체'라고 했다. 이사를 자주 다니기 때문이다.

1인 가구에서도 유한책임 공동체 개념을 살펴볼 수 있다. 태어나서 죽을 때까지 땅과 집을 지키며 살아왔던 부모님과 조상들은 한 곳에 정착해 가족들과 이웃들과 함께 정을 나누고 관계를 맺어왔다. 그들은 후손을 번창시키는 것이 평생의 의무로 생각하고 실천했다. 하지만 이젠 다르다. 함께 살 필요가 없어진 것이다. 게다가 함께 살아야 할 의무도 없다. 함께 살지 않는다고 해서 도덕적인 비난을 받지도 않는다. 오히려 능력만 되면 혼자 살아갈 것을 부추기고 당연시 하는 사회가 됐다. 이런 분위기 속에 도시부족으로 진입한 1인 가구는 유한책임 공동체로 당당하게 혼자 사는 것을 선택하는 것이다.

그런데 혼자 사는 사람들이 특별히 선호하는 곳은 어디일까?

독일 사회학자인 게오르크 짐멜(Georg Simmel, 1858~1918)은 "시골 생활은 개인이 행동에 제약을 받는다. 하지만 도시는 개인에게 사회적 진화라는 가능성을 열어준다. 도시에서는 개인의 지평선이 확장된다"고 말했다. 1인 가구의 태생은 도시에서 출발한다. 산업화가 확장되면서 도시로 몰린 사람들은 거주지보다는 자신이 근무하는 직장에 모든 생활을 집중한다. 회사 주변에 적당한 주택이 있으면 크기와 상관없이 거주하기 시작했다. 가족과 떨어져 혼자 살아야 하니 큰 집을 고수할 필요도 없었다. 대신 비싸지만 회사와 가까운 곳을 선택했고 이로 인해 출퇴근에 소비하는 시간이 줄면서 개인적인 여가생활이 늘어나는 보너스를 얻게 된 것이다.

　최근 서울시 산하 서울연구원은 학술지 『서울도시연구』에 「서울시 1인 가구의 공간적 밀집지역과 요인 분석」이라는 논문을 게재했다. 논문에 따르면, 지난 2000년에 서울에서 1인 가구가 가장 많이 몰려 있던 곳은 강남구에 위치한 신사동과 논현1·2동, 역삼1동이었다. 그 후로 역삼2동과 삼성2동이 추가됐고 대학생과 고시생이 밀집한 관악구와 서교동을 중심으로 한 마포구도 1인 가구 밀집지역으로 부상했다. 2010년에 들어서는 서초구와 관악구, 그리고 서대문구가 1인 가구 밀집지역으로 떠올랐다.

서울에서 1인 가구를 겨냥해 임대주택 사업을 하기 좋은 곳은 강남권에선 서초구, 강남구, 관악구, 강북권에선 마포구, 서대문구인 것으로 나타났다. 또 1인 가구를 밀집시키는 요인으로는 월세 임대주택 공급량과 주변의 코스닥 상장기업 수라는 분석이 나왔다. 비교적 안정된 직장이 가까이 있어 출퇴근이 쉽고 소형 월세 주택이 풍부한 곳이 임대사업에 제격이란 의미다. 〈한국경제/2014.7.23〉

솔로 이코노미의 시작

함께 사실래요? 트랜스포머人

주거만 보면 지금까지는 '속도'가 중요했던 것으로 보인다.

대규모 아파트를 빨리 많이 지어 공급했는데, 이런 경우 도시를 계획하거나 공간을 기획할 때 거기에 들어갈 사람에 대한 고민이 없었다. 고립과 독방은 그 시대 사회가 내릴 수 있는 최고의 형벌이었다. 오늘날 1인 가구의 주거형태는 교도소의 전형적인 평면과 동일한 구성이다. 대학 기숙사 1인 가구 주거공간은 마치 1800년대 런던 감옥과 같다. 때문에 셰어하우스는 일종의 공유경제다.

1인들이 모여 대안적인 관계들을 약한 연결(weak-tie)로 만들어 보면 무언가 새로운 지혜를 만들어 낼 수 있지 않을까? 〈오마이뉴스/2014.3.8〉

혼자 사는 사람들은 어떤 특징을 가지고 있을까?

지금까지 정리된 바로는 4S로 정의되고 있다. 소형화된 물건을 선호하는 것(Small)과 똑똑한 제품을 찾는(Smart), 우리가 아닌 나(Selfish)만을 위한, 그리고 새로운 유형의 서비스(Service)가 바로 그것이다. 이 가운데에 새로운 유형의 서비스를 찾는 어얼리 어댑터적인 성향을 지니고 있는 이도 1인 가구에서 많이 찾아볼 수 있다.

1인 가구의 확대는 사회적으로 독립하거나 고립된 나홀로족을 더 외롭게 만들 수 있다. 때문에 가족형태의 변화를 인정하면서도 나홀로족 간에 유대를 강화할 수 있는 대안이 요구되기도 한다. 한 보고서에 따르면, "1인 가구는 식생활 등 생활여건이 불규칙하고 사회적으로 고립돼 신체적으로나 정신적으로 질병에 약하다"며, "혼자 사는 성인은 그렇지 않은 사람보다 우울증 비율이 80% 이상 높았다"고 경고하기도 했다.

이런 사회적 경고를 의식하면서 나타난 개념이 '셰어하우스'다. 이것은, 방은 따로 쓰지만 부엌이나 거실 등 함께 사용할 수 있는 공간은 커뮤니티형 공간으로 함께 나눠 쓰는 것을 의미한다. 부동산 가격이 치솟으면서 거주 공간을 줄여야만 대도시에서 살아갈 수 있는 현실도 반영된, 일종의 상부상조형 생활공간이라고 할 수 있으며, 상황에 따라 변할 수 있는 트랜스포머형 공간이라고도 할 수 있다. 좁아진 공간에 맞추어 자유롭게 변신할 수 있는 유연적인 삶을 선택할 수 있는 솔로들이 그 주류를 이루고 있다. 이미 오래전부터 유럽과 일본에서는 독립되어 있는 원룸보다는 개인적인 시설과 공동시설을 함께 갖춘 코하우징(co-housing)이나 셰어하우스(share-house)가 인기를 끌고 있는데, 우리나라에도 이러한 것이 새로운 주거문화로 자리 잡아 가고 있다. '셰어하우스'를 우리말로 풀이하면 '도시형 생활주택'이라고 할 수 있다. 말 그대로 도시사람들이 생활하는 주택으로 풀이가 된다. 좀 더 세련된 표현이다. 2035년에는 1인 가구가 전체의 34.3%를 차지해 보편적인 가구형태가 될 것이라는 전망이 나오는 상황에서, 이런 도시형 생활주택은 획일화된 주택시장에 새로운 바람을 불러일으키고 있다.

침실만 따로 쓰고 거실,부엌,욕실 등은 함께 사용하는 '셰어하우스(share house, 공유주택)'가 새로운 형태의 임대주택으로 떠올랐다. 지난해부터 크게 늘어난 이 테마형 임대주택은 서울과 수도권을 중심으로 2000여실에 달하는 것으로 부동산 업계는 추산했다. 〈한경닷컴/2014.6.20〉

'셰어하우스'는 시설을 공유한다는 단순한 개념을 뛰어넘는다.

시설을 공유함에 그치지 않고 그 안에서 문화가 공유되고 커뮤니티가 일어난다. 혼자이지만 1인 가구는 외롭지 않다. 함께 나누고 어울리며 지내고 있기 때문이다. 혼자 살 때 일어날 수 있는 여러 가지 부정적인 요소가 제한되고 예방되는 효과도 얻을 수 있다.

함께 영화나 TV를 시청하며 문화를 공유할 수도 있으며, 함께 음식을 만들어 먹으면서 자연스러운 대화를 나눌 수도 있다. 여기까지는 최근 대히트를 쳤던 〈응답하라 1994〉의 장소 배경이 된 하숙집과 그 분위기가 비슷하다. 하지만 다른 점이 있다. '셰어하우스'에서는 하숙집의 아주머니가 등장하지 않는다는 것이다.

음식을 만들어주는 이도 존재하지 않는다. 구성원에게 무언가를 지시하고 통제할 만한 사람이 없다. 그야말로 자유의 공간이다. 이것을 원해 들어온 사람들이 대부분이기 때문에 출발부터가 하숙집과는 완전히 다른 것이다.

혼자의 몸조차도 가누기 힘든 좁은 공간이 아닌 넓은 거실, 맛있는 요리를 만들어 먹을 수 있는 깨끗하고 편리한 시설을 갖춘 부엌, 그리고 나만의 은밀한 생리작용을 해결할 수 있는 위생적인 화장실까지, 이 모든 것은 함께 모여 사는 이들과 공유하거나 독립적으로 사용하는 시설들이다.

코하우징[Co-Housing] : 입주자들이 사생활은 누리면서도 공용 공간에선 공동체 생활을 하는 협동 주거 형태를 일컫는 말로, '같이 또 따로' 정신을 주택에 구현한 것이라 할 수 있다. 보통 30가구 안팎의 입주자들이 마을이나 연립주택에 모여 살며 각자 라이프스타일에 맞게 주택과 공용 공간을 설계하는 게 특징이다. 입주자 개인 공간을 확보하고 공동 공간도 이용한다는 점에서 '셰어하우스'와 같은 개념으로 볼 수 있다. 코하우징은 1970년대 획일적 주거형태에 반발해 덴마크에서 시작됐으며, 이후 네덜란드, 스웨덴, 영국, 독일, 일본 등으로 확대됐다.

최근 셰어하우스는 좀 더 차별화된 컨셉을 지향하고 있다.

'창업가 하우스', '사회초년생 하우스', '요리 하우스' 등 뚜렷한 주제를 담은 셰어하우스가 만들어지고 있다. 최소 임대계약은 6개월 이상으로 이뤄지고 있고 입주자는 20~30대 중반의 대학생과 사회초년생들로 구성된다. 최근에는 외국인도 10% 정도가 함께 살고 있는 것으로 조사됐다.

하지만 아직까지는 셰어하우스의 경제성에 대한 평가는 반반이다.

우선은 임대사업자가 따로 있고 입주자들이 공간을 임대해 생활하는 것이기 때문에 거주자들 간에 마음이 맞지 않으면 공실률이 높아질 수 있는 한계 때문이다. 또한 입주자들의 요구에 모두 맞춰가다 보면 임대료와 인건비도 높아져 결국엔 매매가 자유롭지 못하게 된다는 점도 부정적이다.

그러나 긍정적인 평가가 아직까지는 조금 더 우세하다. 젊은 솔로들을 중심으로 활발하게 이용되는 셰어하우스에 실버세대로까지 참여가 확대되면 전체 1인 가구 시장에서 차지하는 비중이 최대 30%까지 이를 것이라는 예측도 나오고 있다.

얼마 전 서울 마포구에서는 재미난 시도가 시작되었다. 오래된 집을 수리해 1인 가구들이 함께 지낼 수 있도록 만든 것인데, 이곳에 입주하는 1인 가구들은 보증금 1000만 원에 월세 30만 원 정도를 지불하면 되기 때문에, 주변 시세보다도 절반이나 저렴하게 지낼 수 있다.

이름 하여 '함께주택'이다. 땅을 구입하는 일부터 시작하는 기존의 공동주택은 시간과 절차가 복잡했다면, '함께주택'은 기존에 있던 집을 구매한 후에 수리해 입주하니 시간도 크게 단축했다.

셰어하우스의 공유모델은 '1인 가구의 천국'이라 불리는 스웨덴에서 국가적 차원의 복지에서 비롯되었다. 스웨덴은 이미 1인 가구가 전체 국민의 47%를 차지하고 있었고 수도인 스톡홀름의 1인 가구 비율은 무려 60% 이상을 넘기고 있었다.

그럼에도 불구하고 혼자 사는 것으로 인한 '고독사'의 문제가 크게 등장하지 않고 오히려 전 세계에서 살기 좋은 나라 다섯 손가락에 꼽힐 정도인데, 상대적으로 수입이 적은 청년층과 노년층의 주거를 뒷받침하는 국가적 지원이 있었기에 가능했다. '공동주택정책'이라는 이름의 1인 가구 지원책인데, 이는 개인이 사용하는 원룸을 제외하고 주방과 육아센터 등의 시설들은 공유할 수 있도록 한 것이다. 공동으로 사용하는 시설 덕분에 다양한 연령층이 서로의 경험과 정보를 공유하게 되고 이로 인해 고립보다는 소통이 활발한 사회가 만들어진다. 이것이 바로 셰어하우스다.

1인 가구 비중으로 볼 때 우리보다 앞서 있는 일본의 경우 '셰어하우스'

와 같은 방식의 주거는 약 1만 5천 세대 수준으로 파악되며, 지난 2005
년 이후 폭발적인 증가세를 보이고 있다.

〈요리 전문 케이블방송인 올리브TV의 프로그램 '셰어하우스' 장면〉

지금은 먹방시대.
혼자 오신 걸 환영합니다

글로벌 PR커뮤니케이션 기업 웨버 샌드윅이 낸 식품 트렌드 전망보고서인 '푸드포
워드2014'에서는 1인을 위한 소포장 간편식 및 외식 메뉴의 증가 추세 분위기를 담
은 단어를 발표했는데, 바로 'KISS (Keep It Simple&Small)이다.

〈데일리안/2014.9.18〉

앞서 소개한 〈식샤를 합시다〉와 〈고독한 미식가〉는 모두 먹는 음식을
소재로 한 프로그램이다. 출연자들이 음식을 먹어보고 서로 재미난 이
야기를 하면서 진행하기 때문에, 예능스럽다기보다는 다큐스럽다. 혼자
사는 사람들이 음식을 먹는 순간만큼은 최대한의 감정 몰입에 최선을
다한다.

최근 창업 업계는 1인 가구가 해마다 증가하고 있고 이와 관련한 시장도 크게 성장하고 있다고 진단했다. 4인용 식탁보다는 2인용, 또는 1인을 위한 식탁이 전체 식당에서 차지하는 비중이 높아지고 있으며, 아예 1인만을 위한 전용식당도 속속 등장하고 있다.

우리나라에서 1인 가구를 위한 전용식당하면 가장 먼저 떠오르는 곳으로서, 대표적인 곳이 있다. 바로 독서실처럼 꾸며진 라멘집인 '이찌멘'이다. 대학가 학생들을 겨냥해 신촌에 자리 잡은 이곳에 가면 넓은 테이블은 찾아보기 힘들다. 오직 1인석과 커플을 위한 2인석만이 준비되어 있고 메뉴 주문도 자판기의 식권을 이용하는 시스템이다. 혼자 온 사람들을 위해 자리마다 칸막이 시설이 되어 있어 '독서실형 1인 식당'으로 유명세를 타고 있다. 혼자 먹기 부담스러운 사람들의 심리를 그대로 비즈니스로 적용해 성공한 사례다.

간단한 분식형 식사는 그렇다 치자. 고기를 먹고 싶은 경우는 어떻게 해야 할까? 보통 고기를 먹는 상황은 다양하지만 공통점은 가족이나 친구들과 함께 먹는다는 점이다. 혼자서 고기를 먹는 일은 흔치 않으며 특히 식당에서는 더욱 그러하다. 때문에 고기를 취급하는 대부분의 식당은 4인용 테이블을 기본으로 배치하고 있다. 아마도 100%에 가까울 것이다. 식당에 당당히 혼자 가서 고기를 주문하더라도 주변의 시선을 의식하지 않고 고기를 먹을 수 있는 사람이 과연 얼마나 될까? 얼굴에 철

판을 깔기 전에는 말이다. 하지만 1인 가구가 증가하면서 이들의 요구를 수용하는 식당이 늘고 있다. 1인 가구도 분명 소비를 선도하는 우수 고객임을 인정한 것이다.

숯불화로구이 전문점인 〈오마에〉라는 곳이다. 이곳은 바 형태의 테이블을 갖추고 솔로들을 주 고객으로 맞이한다. 이곳은 다른 음식점에 비해 다소 비싼 가격이지만, 혼자서도 고기를 먹을 수 있는 곳을 찾지 못했던 솔로들이 당당하게 음식을 주문해 먹을 수 있는 곳이다. "혼자 오신 걸 환영합니다." 이곳에선 통하는 말이다.

1인 가구가 이제 대세로 자리를 잡아가고 있다. 집에서 음식을 직접 만들어 먹기보다는 간편식을 구매해 간단히 조리해 먹거나, 아니면 하루 삼시 세끼를 모두를 외식으로 대체하는 경우가 많아지고 있다. 이런 연유로 간편 음식과 외식업체의 시장규모가 5조 원에 이를 것이라는 분석도 나오고 있다. 그들의 심상치 않은 등장을 직감한 유통업체와 음식점 사장들은 1인 가구를 위한 맞춤형 상품 개발에 노력을 기울이고 있다. 때문에 혼자 산다고 해서 그들의 소비를 무시해선 안 된다. 오히려 1인 가구의 구매와 소비력이 4인 가구보다 더 높다는 통계가 나오고 있음을 주목해야 한다.

전화기는 가라,
스마트폰이 대신하리니

풍족하지 않았던 어린 시절을 추억해 보자. 경부고속도로가 건설되고 집집마다 TV가 보급되던 시절, 전화기는 사치품으로 분류되기도 했다. DDD라는 번호가 있었다. 이전까지는 교환원을 통해 시외전화를 했지만 DDD를 이용하면 곧바로 원하는 지역과 전화통화가 가능했다.

1990년대, 휴대폰의 등장은 우리 사회를 큰 변화로 몰고 갔다. 유선이 아니기 때문에 휴대가 간편하고 언제 어디서나 전화 통화를 할 수 있어 비즈니스가 용이해졌다. 재력을 과시하는 용도로 사용되기도 했지만 사업가들의 업무패턴을 크게 바꿔 놨다. 2014년 현재 한 달이 멀다하고 새롭게 모습을 바꾸고 있는 스마트폰이 넘쳐나고 있다. 스마트폰의 출현은 세상의 모든 생활양식과 비즈니스, 마케팅의 대변화를 이끌었다. 그야말로 핵폭풍에 버금가는 막대한 영향을 미치고 있는 것이다. 손안에서 모든 것이 해결되는 세상이 되었다.

2014년 5월, 전화기 사용에 대한 조사결과가 발표되어 눈길을 끌었다. 정보통신정책연구원이 발표한 「유무선전화서비스 이용현황」이라는 집 전화에 대한 보고서에 따르면, 유선전화 서비스에 가입되어 있지 않은 가구가 2011년 전체 21.63%에서 2013년 32.63%로 11%p 증가했고, 그 가운데 집 전화를 거의 사용하지 않는 1인 가구가 56.99%를 차지한 것으로 조사됐다. 반면에 집 전화를 사용하지 않고 휴대전화만 이용하는 개인은 2011년 약 17%에서 2013년 약 23%로 급증했는데, 스마트폰의 보급으로 유선전화의 활용도가 그만큼 낮아졌다

24시간 그림자처럼 붙어 다니는 스마트폰이 손에 쥐어져 있으니 두 대의 전화기가 필요 없게 된 것이다. 집에서만 사용할 수 있는 집 전화는 집에 들어가야만 볼 수 있기에, 장식품이라면 모를까 전화기로서의 생명은 끝난 것이나 다름없다.

1인 가구도 더 이상 유선에 매여 살지 않는다. 그들은 생활이 자유롭고 행동에 무게가 없으며 소비에 민감하다. 때문에 1인 가구가 증가하면서 자연히 유선전화기의 사용감소가 이어졌다.

1인 가구는 사회적인 연결고리를 중요시한다. 이로 인해 관련 소비도 증가하고 있는데, 그 대표적인 것이 데이터 요금을 포함한 통신요금의 증가다. 혼자라도 스마트폰만 있으면 언제든지 SNS망을 통해 친구들이나 낯선 사람들과도 소통할 수 있기 때문에 사이버상의 만남을 유지하기 위한 총알이 필요한 것이다. 그 결과 통신업체의 수익률이 큰 폭으로 증가했는데, 1인 가구의 통신비 지출이 2인 가구의 1인당 지출보다 10% 높았다는 사실이 이를 증명한다.

혼자일수록 외부교제를 중요시하는데 통신 분야에 있어 월평균 소비지출액이 1인 가구는 6만 8천 원을 지출한 반면, 2인 가구의 1인당 소비는 6만 2천 원으로 조사됐다. 대인관계에 필요한 교제비도 1인 가구는 5만 8천 원인 데에 비해 2인 가구의 1인당 소비는 5만 3천 원이었다. 〈2012년 통계청 가계동향조사〉

세컨드 가전(Second Home Appliance)에 주목하라

'세컨드 가전'이 주목받고 있다. 최근 1인 가구와 맞벌이 부부 증가에 따른 생활방식의 변화로 대형 가전제품의 일부 기능을 특화하거나 크기만 줄인 소형 가전제품을 찾는 소비자가 늘고 있어서다. 회사 관계자는 "콤비냉장고가 30% 정도 비싸도 월평균 1000대씩 판매되고 있고 대형 냉장고에 부담을 느끼는 싱글족이나 세컨드 냉장고에 관심을 가지는 소비자 사이에서 좋은 반응을 얻고 있다"고 설명했다.

〈아주경제/2014.7.13〉

허미혜(가명) 씨는 자취생활 5년 차에 접어드는, 이른바 깍쟁이 도시녀다. 금요일 저녁 간단하게 저녁식사를 마치고 가전제품 전문 판매장을 방문한 그녀는 본인이 원하는 판매 코너로 발걸음을 재촉했다. 미니 세탁기를 구매하기 위해서다. 그동안 대형세탁기를 사용했는데, 혼자 살다보니 세탁물이 많지 않음에도 한 번 세탁을 하기 위해선 그 큰 세탁기를 돌려야 하니 전기세뿐만 아니라 물과 세제 비용도 만만치 않다고 느끼던 중이었다.

그러던 차에 1인 가구를 위한 미니 세탁기가 인기를 끌고 있다는 뉴스를 본 후, 마침 저녁약속이 없어 집 근처의 판매장을 방문한 것이다. 그녀가 본 제품은 벽걸이형 미니 세탁기. 젊은 감각의 세련된 디자인과 저렴한 가격에 반해 당장 구매하기로 결정한다.

소비자의 기호가 다양해지고 소비하는 사람들의 생활형태도 다양해지고 있다. 대가족에서 핵가족으로, 그리고 다시 1인 가구로 가족의 개념이 잘게 쪼개지면서 그들을 위한 가전제품도 새로운 변신을 시도하고 있다. 이름 하여 세컨드 가전(Second Home Appliance)이다. 이것은 기존의 가전제품 성능과 동일하거나 혹은 그 이상이면서도, 크기는 작게 만든, 1인 가구를 주 타깃으로 한 제품을 의미한다. 미니 세탁기와 1도어 미니 냉장고, 소형 TV 등이 세컨드 가전의 범위에 포함되는데, TV와 냉장고, 세탁기의 보급률이 100% 가까운 상태에서, 일부 기능만을 특화하고 소형화한 제품이 틈새시장을 파고들고 있다.

세컨드 가전 중에서 많이 보급된 것 중 하나는 바로 소형 전기밥솥이다. 혼자 밥을 지어 먹는 솔로의 경우엔 기존 밥솥으로 밥을 하게 되면 본인이 먹을 수 있는 양보다 더 많게 밥을 짓게 되어 결국 다 먹지도 못하고 버리는 경우가 종종 발생한다. 먹지 못한 음식물은 쓰레기로 버릴 수밖에 없게 되고, 전기도 낭비된다. 하지만 상황이 달라졌다. 소형 전기밥솥이 이런 문제점을 해결했기 때문이다. 쿠쿠전자의 경우, 2009년 '쿠쿠 미니'를 출시해 솔로들로부터 큰 인기를 얻었다. 이 제품은 일반 밥솥 크기의 절반가량인 1.08리터 이하로 만들어졌는데, 출시 한 달 만에 1만대가 판매되는 기록을 달성했다.

　세컨드 가전을 말할 때 빼놓을 수 없는 것이 또 하나 있다. 바로 미니 세탁기다. 속옷이나 수건 등 부피가 작은 빨래를 세탁하는 데 유용한 미니 세탁기는 세컨드 가전을 이끌어가는 대표적인 상품으로 인정받고 있다. 혼자 살기 때문에 세탁물이 많지 않은 1인 가구는 그동안 한꺼번에 세탁물을 모아 세탁했지만 더 이상 세탁물을 모았다가 세탁할 필요가 없어졌다. 미니 세탁기 덕분에 필요한 세탁물은 바로 세탁할 수 있어 자신만의 싱글라이프를 더욱 쾌적하게 보낼 수 있게 된 것이다. 삼성에서 만든 아가사랑 세탁기의 경우, 출시된 2002년엔 관심 받지 못하다가 최근 솔로들에게 인기를 끌면서 2014년 7월까지 누적 판매 50만대를 달성했다고 한다. 모두가 젊은 소비자들, 특히 1인 가구 덕분이다.

　세컨드 가전의 특징을 한마디로 정의하면 '소형화'다.
　소형화를 추구하는 1인 가구의 특징과도 일맥상통한다. 1인 가구는 혼

〈1인 가구를 겨냥한 소형 가전제품들〉

자 살기 때문에 넓은 공간을 차지하는 물건보다는 좁은 공간에서 효율
적으로 사용할 수 있는 물건을 더 선호한다.

세컨드 가전을 제조한 업체들도 이런 트렌드를 잘 반영했다. 1인 가구라는 명확한 타깃을 정해놓고 그들의 동선과 기호, 그리고 문화까지도 분석한 후에 비로소 이를 반영한 제품을 시장에 내놓는 것이다.

2014년 2월 국내 대형마트 중 하나인 홈플러스가 세컨드 가전에 대한 자체 조사를 했는데, 1인용 밥솥 매출이 2013년에 비해 15%가 증가했고 미니포트도 83%나 증가한 것으로 나타났다. 특히 라면포트의 경우엔 367%나 증가하는 기록을 보였다. 또한 이들 가전제품이 판매될 때 부수적으로 판매되는 세탁용품(10%)과 조리소품(7%), 1인용 간편식 국탕류(102%), 라면(7%), 즉석밥(9%) 등의 판매도 증가한 것으로 나타났다. 홈플러스는 강제휴무일 시행에도 불구하고 '1인 용품'의 매출이 호조를 보였던 이유를, 자취생과 독신 직장인 등 1인 가구가 크게 증가한 데에서 찾았다.

나만의 공간, 치타델레를 꿈꾸다

남자들이여, 나만의 골방을 갖자.

　남성의 마음을 어루만지고 구체적인 처방전을 제시하는, 『남자의 공간』(이문희 · 박정민 공저)이라는 책이 출간되었다. 골방은 이 시대를 살아가는 남자들에게 꼭 필요한 영혼의 안식처라 할 수 있다. 저자는 누구의 방해 없이 오직 자신을 뒤돌아보라는 의미에서 골방이라는 공간을 제시한다. 그런데 골방의 사전적 의미로만 보면 갇혀 있고 답답하다는 느낌을 지울 수 없다. 하지만 이 책이 제시하는 골방은 '독립된 공간'을 의미한다. 누구에게도 간섭받지 않고 누구의 시선으로부터 차단된 그야말로 나만의 공간이 골방인 것이다. 파스칼은 "인간의 모든 고통은 혼자

방에 머물 줄 모르는 것에서 온다"고 했다. 고통을 벗어나기 위해서는 혼자만이 들어갈 수 있는 공간으로 들어가야 한다는 뜻이다.

인간은 본능적으로 자신의 몸을 보호하고 지키기 위해 움직인다.

물에 빠지면 과연 자신을 버리고 가족이나 남을 위해 본능적으로 헌신할 수 있는 사람이 과연 얼마나 될까?

인간의 본능 속에는 함께보다는 '나만' 이라는 자기중심적인 가치가 숨어 있다. 자기중심적이면서도 자기만의 공간을 설명할 때 쓰이는 말이 있다. 바로 '치타델레'(Zitadelle, 성채)라는 말이다.

프랑스의 사상가이자 대표적인 도덕주의자인 몽테뉴(1533~1592)가 명작인『수상록』을 집필했던 곳이 저택 안에 있던 독립된 3층짜리 원형탑(치타델레)이었다는 것이 알려지면서, '치타델레'가 대표적인 개인 공간의 상징어로 쓰이고 있다. 독일어로는 요새 안에 존재한 독립된 작은 보루, 내성(內城)이라는 의미를 지닌다.

그런데 '치타델레'를 원하는 사람들이 늘고 있다. 이런 소망을 담은 비즈니스도 점차 확대되고 있다. 혼자서 즐기고 쉴 수 있는 공간이 부족한 현대인들을 위한 공간이 비즈니스와 접목되고 있다. 1인용 노래방도 대표적인 사례에 속한다. 서울 홍대 인근에 위치한 1인 전용 노래방은 혼자 온 손님들로 늘 북적인다. 노래방은 가족이나 친구, 직장 동료들이 함께 노래하며 즐겼던 곳이기에 노래방에 혼자 가는 일은 거의 없다. 때문에 노래를 부르고 싶어도 혼자여서 가고 싶어도 망설여지게 된다. 하지만 이런 불편함을 보완해 혼자 와서 실컷 노래 부를 수 있는 노래방이 마련된 것이다. 이곳은 둘이 가면 오히려 따로 들어가야 한다. 3.3㎡(1평) 남짓한 좁은 공간에는 마이크와 노래책자, 그리고 노래방 기기가 전부이다. 하지만 평일 이른 오후부터 16개 방 가운데 절반가량이 솔로들의 독차지가 된다고 한다. 이곳은 오로지 혼자만을 위한 장소다. 혼자 있기 때문에 무엇이든 할 수 있고 주어진 시간에 남의 눈치를 보지 않고 신나게 즐기고 노래할 수 있다. 많은 1인 가구들이 이곳을 찾는 이유다.

인터넷에서 '개인적인 공간'이라고 검색어를 입력해 발견한 물건이 있다. 일본에서 개발해 현재 8만 9천 엔, 우리 돈으로 약 90만 원에 판매되고 있는 1인 전용부스다.

이것은 독서실의 책상과 같은 구조로 디자인 되어 있으며 의자를 당겨 앉으면 사방이 벽으로 가로 막힌다. 그 안에서는 TV 시청이나 음악 감상, 독서가 가능하다. 환풍기 시설까지 되어 있어 쾌적하고 깨끗하다. 주위 시선으로부터 잠시만이라도 확실하게 분리되고 싶은 심리를 사업 모델로 만든 것이다. 이 장비는 특히 업무에 지친 직장인들에게 유효할 것으로 보이며 회사에서 단체로 구매할 수도 있다. 하지만 비용적인 측면에서는 부담이 있기 때문에 PC방이나 휴게방과 같은 형태의 시간제 임대 사업이 후속으로 등장할 가능성이 높다.

인간은 자신의 주위 몇 미터 내에 다른 사람이 접근하면 본능적으로 경계한다고 한다. 버스를 탈 때나 교실에서 공부할 때나 횡단보도를 건널 때에도 자신도 모르게 무의식적으로 설정된 범위 내에 누군가가 있으면 본능적으로 경계하고 스트레스를 받는다. 결국 인간은 사회적 동물이기에 앞서 본능적으로는 혼자 있기를 바라는 동물인 것이다.

1인 가구와 소자본 창업

최근 창업시장은 소자본 창업이 강세를 띠고 있다. 퇴직금을 한 번에 투자하거나 무리하게 대출을 받아 큰 규모로 창업을 시도하는 사람들이 줄어든 반면, 수익은 적게 가져가더라도 그다지 위험하지 않은 안정적인 투자에 창업 희망자들이 몰리고 있다. 요약하면 '저위험 · 저수익 · 저투자'가 대세인 것이다. 우선 주위를 살펴보자. 가장 눈에 띄는 아이템이 있을 것이다.

스몰비어 전문점이 그 대표적인 사례다.

최근 스몰비어 가맹점이 전국적으로 빠르게 증가하는 추세다. 강남이

나 대학가에 번화한 상권에서 볼 수 있었던 가맹점들이 이제는 한적한 주택가까지 파고들고 있다. 33㎡(10평) 크기 매장을 오픈하는 데에 창업비용이 약 5000만 원 정도에 불과하다는 점이 창업의 불씨를 당기고 있는 것이다. '적당한 안주에 맥주 한 잔이면 고객도 만족할 수 있다'라는 점에 착안해서 인건비와 인테리어비 등을 최대한 줄여 간소화했기 때문에, 스몰비어라 불린다. 특히 혼자 와서 부담 없이 한 잔 하기에 좋게 인테리어가 되어 있어 1인 가구의 구성원이 자주 찾는다.

이밖에 새로운 아이디어로 1인 가구를 겨냥한 소자본 창업아이템도 속속 등장하고 있다. 그중 퓨전분식집이 대표적인 사례다. 주먹밥과 컵밥, 밥버거 등이 주요 메뉴다. 혼자 와서 먹기 때문에 잘 차려진 음식보다는 간단하면서도 저렴한 메뉴가 인기다. 때문에 퓨전음식들은 학원가와 오피스텔촌을 중심으로 그 권역을 넓히고 있다. 예비 창업자들이 퓨전분식집을 선택한 이유 가운데 하나는 혼자서도 운영이 가능하다는 점이다. 조리법이 간편해 특별한 기술이 없어도 혼자서 요리하고 혼자서 매장을 운영할 수 있기에, 위험 부담이 그만큼 감소하는 것이다. 특히 가족형 손님뿐만 아니라 혼자 오는 손님도 많기 때문에 일 대 일 대응이 빠르다는 장점도 있다. 최근 1인 가구 수가 증가하면서 간편식에 대한 선호도도 증가하고 있다. 집에서 요리를 하기보다는 부담 없이 사서 먹을 수 있는 음식을 찾는 이가 많아지고 있는 것이다.

1인 가구를 겨냥한 소자본 창업이 늘고 있다. 왜 그들은 1인 가구를 겨냥한 것일까? 그것은 1인 가구가 시대적인 주류이자 소비의 중심으로 우뚝 서고 있기 때문이다. 1인 가구는 더 이상 외롭게 떨어져 있는 왕따가 아니다.

솔로 이코노미의 시작

나, 흙에 살어리랏다

중소기업을 운영 중인 곽만수(55세, 가명) 사장은 요즘 지방 출장이 부쩍 잦아졌다. 모 방송국에서 운영 중인 명예기자 활동을 하게 되어 느지막하게 취재의 재미에 푹 빠져 있는 것이다. 사실 그는 20대 후반 언론사 기자로 사회 첫발을 내딛었다. 기자 생활 10년을 마치고 나름 뜻이 있어 제조업에 투신한 지 벌써 30년이 다 되어 간다. 그런 그가 다시 기자의 생활에 관심을 갖게 된 건 은퇴 이후의 삶을 준비하기 위해서다.

오늘은 충북 제천이 취재 장소로 정해졌다. 취재를 위해 카메라를 챙기고 사전에 준비된 원고와 자료를 한 번 더 살펴본다. 그가 지방 취재를 준비할 때 함께 챙기는 것이 있다. 그것은 해당 지역의 역사자료와 지도다. 사실 그는 은퇴 후 남은 여생을 보낼 장소를 물색 중인데, 취재를 진행하다보면 현지 사람들과 만나 인터뷰를 진행하기 때문에 자신에게 필요한 그 지역의 정보를 얻을 수 있어 일주일에 한 번은 지방 취재 스케줄을 잡아 전국을 돌아보고 있다. 평생을 앞만 보고 달린 곽 사장은 남부럽지 않게 재산도 모았고, 하나 있는 아들도 훌륭하게 성장시켰다. 이제 그에게 남은 일은 은퇴 후 대도시를 떠나 지방에 살면서, 그동안 자신과 함께 인연의 끈을 이어왔던 사람들과의 인생을 정리하며 행복한 노후를 보내는 것이다. 하지만 그녀의 아내는 서울에 남을 예정이다.

베이비붐 세대가 쏟아져 나오고 있다. 아니, 밀려나오고 있다는 표현이 더 맞겠다. 그들은 부모에게선 받은 거 없이 자수성가해야만 했고, 자식에게는 무한정 지원사격만을 해야 했다. 받는 거 없이 주는 것에만 열중해야 했고 그러는 사이에 은퇴할 시기가 되어 노후를 걱정해야 하는, 이래저래 불쌍한 세대로 전락했다.

베이비붐이라는 말은 역사적 배경에서 만들어진 신조어다.

베이비(Baby), 붐(Boom), 말 그대로 아기 낳기 붐을 일으켰다는 것인데, 이는 미국에서 제2차 세계대전이 끝난 이후 전쟁 기간 동안 떨어져 있던 연인이나 부부들이 다시 만나면서 그동안 미뤄졌던 동거나 결혼이 한꺼번에 이뤄지면서, 아이(Baby) 출산율이 갑자기 높아지면서(Boom) 만들어진 용어다. 우리나라에서는 6.25 전쟁 이후, 1955년~1963년 사이 태어난 이들을 베이비붐 세대라 칭한다.

전쟁으로 많은 성인 남자들이 죽자 빈자리를 채우기 위해 나라에서는 출산을 장려했고, 많은 아이들이 한꺼번에 태어났다.

전쟁의 상흔이 가시고 산업화에 들어선 대한민국이 선택할 수 있는 유일한 자산이 사람이었기 때문이다. 인구수를 늘리는 것만이 하루라도 빨리 어두운 그늘에서 벗어나는 방법이었던 것이다.

이런 역사적인 배경으로 태어난 베이비붐 세대들이 2010년 현재 (만 47~55세) 720만여 명으로 추산되고 있으며, 우리나라 인구의 약 14.7%를 차지하는 것으로 조사됐다. 그런 그들이 2011년 만 55세가 되면서 은퇴 대상자가 됐다. 우리나라의 산업화와 민주화를 이끌었던 산 증인들이 한 걸음 뒤로 물러나 후배들에게 바통을 넘겨줘야 하는 시기가 온 것이다. 하지만 의학의 발전과 웰빙화된 식생활, 그리고 질병예방 시스템이 강화되면서 '인생 100세' 시대가 도래하면서 60세도 안 된 나이에 은퇴를 해야만 하는 베이비붐 세대가 대거 등장하기 시작했다.

그런 그들이 관심을 갖게 된 것이 바로 전원생활이다. 전원생활에는 노후를 여유롭고 행복하게 지내고 싶은 열망이 내재되어 있다. 하지만 전원생활은 귀농과는 조금 다른 의미로 해석될 수 있다. 여유와 품격을 지니고 자연을 벗 삼아 유유자적하게 독립인으로 살아가는 것이 전자라면, 주변사람과 어울리고 흙을 밟고 직접 땅을 일구며 마을사람들과 어울리며 살아가는 것은 후자라 할 수 있다. 전원생활이든 귀농이든 당사자에게는 커다란 변화며 새로운 도전이다. 집을 떠나 새로운 곳에 정착한다는 것이 그리 쉬운 문제가 아니기 때문이다. 특히 가족과 함께 하지 못하고 혼자서 독립해야 하는 경우엔 더더욱 그렇다.

해마다 전원생활 박람회가 개최되고 이와 관련된 업체들이 늘어나고 있다. 서울과 가까운 수도권이나 충청도, 강원도 지역의 땅값은 조금만 경치가 좋아도 가격이 크게 인상되는 분위기다. 전원생활이나 귀농의 시작은 가구의 독립, 혹은 분리를 의미한다. 부부가 함께 서울을 떠나 전원생활을 시작하면 대가족, 혹은 도시부족의 울타리에서 독립하는 것이고, 전원생활이나 귀농을 탐탁지 않게 여기는 부인은 도시에 남겨두고 홀로 전원생활에 뛰어든 남편은 자연스럽게 가족이라는 울타리에서 분리된다. 이로서 1인 가구가 새롭게 탄생하는 것이다.

통계청 자료에 따르면, 2011년 농사를 짓기 위해 도시를 떠난 1만여 귀농가구 중 60% 가량은 1인 가구였다. 그중 62.7%가 50세 이상이고 평균 연령은 52.4세인 것으로 나타났다.

2012년 제주도로 이주한 귀농가구의 구성원도 1인 가구가 전체의 55.9%인 144가구로 가장 많았고, 3인 가구(15.5%), 2인 가구(15.1%), 4인 이상 가구(13.6%) 등의 순으로 나타났다. 2013년에는 제주지역 귀농가구의 절반 이상이 '나홀로 귀농'인 것으로 나타났다.

이밖에 농촌 생활에 희망을 갖고 귀농 또는 귀촌한 인구가 사상 처음으로 3만 가구를 넘었다는 보도도 나왔다. 이 또한 '베이비붐 세대'의 은퇴가 본격화되고 전원생활에 대한 관심이 커진 데에 따른 것으로 분석되기도 한다. 그리고 귀농·귀촌한 인구 중 젊은 층의 비중이 높아지고 있는 점은 농촌의 고령화가 갈수록 심해지고 있는 상황에서 반가운 소식이기도 하다. 하지만 귀농자 중에 1~2인 가구의 비중이 압도적으로 높은 점이 오히려 문제점으로도 지적되기도 한다. 그 이유는 혼자 이주하면 정착에 실패할 가능성이 높아질 수 있기 때문으로 분석되고 있다.

24일 농림축산식품부와 통계청에 따르면, 작년 귀농·귀촌 가구는 2012년보다 20% 가량 증가한 3만 2424가구로 집계됐고, 가구원 수는 5만 6267명으로 전년에 비해 18.9% 증가했다. 귀농·귀촌 가구는 지난 2001년 880가구에서 2010년 4067가구로 늘었으며 2011년에는 1만 503가구, 2012 2만 7008가구로 매년 증가 추세이다. 특히 40대 이하 젊은 귀농·귀촌 가구는 지난 2001년 647가구에서 2010년 1841가구로 늘었으며 2011년 4416가구, 2012년 1만 729, 2013년 1만 2318가구로 꾸준히 늘고 있다. 〈아시아투데이/2014.3.24〉

2008년 미국발 서브프라임 모기지 사태로 인해 글로벌 금융위기 가 일어난 이후, 우리나라 부동산 시장은 2014년까지 상당한 침체의 길을 걸어왔다. '일본의 잃어버린 20년'이 우리에게도 올 수 있다는 우려가 담긴 기사가 신문을 통해 종종 보도되고 있다. 이로 인해 경기는 수년 동안 침체의 늪에서 빠져나오지 못하고 있으며, 물가상승률도 2%대에 미치지 못하고 있다. 금리 또한 마이너스 금리까지 갈 수 있다는 우려가 제기될 정도로 국가경제는 전반적으로 불안하다.

하지만 수박의 반을 가르고 또 가르면 조각이 많아지는 것처럼 다인 가구들이 1인 가구로 새롭게 분리되면서 경제활동이 부분적으로 활발해지고 있다. 베이비붐 세대들이나 은퇴한 지 몇 년이 안 되어 경제활동이 아직도 가능한 사람들이 지방으로 눈을 돌리거나 직접 거처를 옮기고 있다. 이는 지역경제를 다시 일으켜 세우는 마중물 역할을 하고 있다. 이들의 특징은 소비에 익숙했던 사람이라는 점이다. 아무래도 농촌보다는 소비가 활발한 도시부족으로 평생을 살아왔고 생산과 소비의 영역을 번갈아 가며 경험해 온 사람들이다. 습관화된 생활패턴이 지방으로 내려간다 해도 변할 수는 없는 일이다. 다만 줄어든 경제력 때문에 소비의 규모를 줄일 뿐이다. 아직은 초기 단계라 할 수 있겠지만 귀농과 귀촌을 택한 1인 가구들의 존재감은 점점 확대될 것으로 전망된다.

또한 단순히 칩거나 은둔 형태의 삶을 살지만은 않을 것이다. 그동안 사회에서 축적한 노하우와 전문적 기술을 지역사회에 봉사 또는 새로운 비즈니스의 형태로 어떻게든 뿌리내리기 위해 노력할 것이다. 교육업에 종사했던 사람은 교육과 관련된 새로운 비즈니스를 만들 것이고 제조업에 종사했던 사람은 무엇인가 만들어 가는 데 관심을 기울일 것이다.

비록 대도시에서 영위했던 화려한 삶은 아닐지라도 그들 나름대로의 방식으로 새로운 비즈니스 영역을 알차게 꾸며 갈 것이다.

스마트해진 세상, 여기요

24시간 우리와 가장 가까이 있는 것은 무엇일까?

가족일까? 아니다. 주말과 잠자는 시간을 제외하면 가족과 함께하는 시간은 하루에 고작 2~3시간밖에 되지 않기 때문이다. 직장동료일까? 업무가 끝나고 회식 자리를 2~3차에 걸쳐 함께 해도 20시간을 넘기긴 힘들기 때문에 이들도 아니다. 그럼 우리가 늘 입고 다니는 옷은 어떨까? 우리가 입고 있는 옷도 하루 일과가 끝나면 바로 세탁바구니로 직행하게 된다. 그런데 24시간을 우리와 함께 있는 물건이 있다. 잠깐 생각해보면 누구나 그 해답을 생각해낼 수 있다. 바로 스마트폰이다.

우리는 스마트폰에 미리 설정한 알람소리에 눈을 뜬다. 볼일을 보기 위해 화장실 문을 열 때도 어김없이 스마트폰을 대동한다. 홀로 힘을 주고 있는 조용한 공간에서 스마트폰은 유일한 친구이자, 하루의 시작을 알리는 전령사의 역할을 한다. 식사를 하는 동안에도 한 손은 바쁘다. 출근 버스 시간을 체크해야 하며 오늘의 날씨도 봐야 하기 때문이다.

스마트폰의 등장은 인간이 살아가는 패턴을 360도 바꿔놓았다. 함께 어울려야 살아갈 수 있는 독립형 인간으로 변화시켰다.

길을 잃어버리거나 목적지를 찾지 못해 헤맬 때에는 주위 사람에게 도움을 청했지만, 이제는 스마트폰에 물어보면 간단히 해결된다. 스마트폰이 대부분의 문제를 쉽게 해결해주는 만물박사가 되자, 사람들은 주위 사람에게 도움을 청하기보다는 스마트폰에 먼저 의지하기 시작했다.

그런데 이런 현상은 1인 가구에게서 더욱 두드러지게 나타난다. 1인 가구는 사람들과의 소통과 교류보다는 스마트폰에 집착하고 절대적으로 의지한다. 하지만 부정적으로만 볼 것은 아니다. 비록 사람들과의 소통과 교류가 줄어들었지만 분명 반대급부 측면에서는 새로운 비즈니스가 활발하게 이뤄지고 있기 때문이다. 대표적인 것이 앱이다.

스마트폰이 일반 휴대폰과 근본적으로 다른 부분이 바로 애플리케이션(application, 응용프로그램, '앱')을 추가 설치해 활용할 수 있다는 점이다. 컴퓨터에서 사용하는 각종 프로그램과 동일한 개념이다. 최근에는 현실 세계와 3차원 가상 환경을 접목한 '증강현실(AR, Augmented Reality)' 기술을 적용한 생활 도우미형 앱이 스마트폰의 가치를 더욱 높여주고 있다. 스마트폰의 카메라로 거리를 비추면 증강현실 앱을 통해 각 건물의 이름, 상호, 업종 등의 정보를 직관적으로 파악할 수 있다. 현재 위치에서 가장 가까운 화장실이나 약국, 병원 등을 찾아 주는 증강현실 앱은 이미 스마트폰 필수 앱으로 인식되고 있다. 〈출처:네이버 캐스트〉

앱을 사용하지 않은 스마트폰 이용자는 진정한 스마트폰 이용자가 아니라는 말이 나올 정도로, 앱은 다양한 분야에서 사람들의 호기심과 만족감을 채워주고 있다. 특히 스마트폰 앱의 활용도가 높은 1인 가구를 겨냥한 앱도 다양한 모습으로 시장에 공개되고 있다.

"부탁해", "요기요", "배달의 민족" 등은, 최근 광고를 통해 한 번쯤은 들어봤을 단어이다. 혼자 사는 사람들도 요즘 많이 이용하는 음식 주문 배달서비스 앱의 이름이다. 혼자 있어 라면이나 김밥, 샌드위치 등으로 대충 식사를 해결하던 1인 가구가 이 앱을 이용하기 시작했다. 스마트폰을 들고 간단하게 터치 한두 번이면 맛있는 음식을 든 배달원이 현관문 초인종을 누르고 있으니 이 얼마나 편리한 시대인가?

이밖에 스마트폰을 활용한 있는 1인 가구 비즈니스 사업이 모든 분야에서 동시에 일어나고 있다. 스마트폰을 자세히 들여다보자. 이 안에 우리가 원하는 비즈니스가 있고 해답도 함께 있다.

 🔲 배달의민족
라이프스타일
★★★★★ 4.0
무료

 🔲 배달음식 주문앱 요기요
라이프스타일
★★★★☆ 4.5
무료

 🔲 배달통
라이프스타일
★★★★☆ 4.5
무료

 🔲 캠퍼스밥(대학교학식,배달음식,커뮤니티)
라이프스타일
★★★★★ 5.0
무료

 🔲 배달맛집(500원 배달적립! 현금 없어도 빠른결제!)
라이프스타일
★★★☆☆ 3.0
무료

 🔲 배달왕 낭군
게임 > 아케이드 게임
★★★★☆ 3.5
무료

2001년 6,000억 원 규모였던 국내 음식 배달시장은 소득수준 상승과 1인 가구 증가 등에 따라 올해 10조 원 규모로 급성장했다. 이 가운데 배달앱을 통해 발생하는 주문은 약 1조 원 정도로 전체의 약 10%를 차지한다. 스마트폰을 이용해 메뉴 탐색부터 주문·결제까지 가능한 데다, 다른 이용자들의 후기나 평점 등을 보고 주문할 수 있고 포인트 혜택까지 줘 배달앱 이용자도 급속히 늘고 있다. 〈한국일보/2014.9.29〉

독거노인도 솔로 이코노미다

고독할 것 없어요. 바빠요. 노는 것도 게임도 많고 PC방 가서 두들겨 봐야 되고 당구도 쳐야 되고 바둑도 둬야 되고 마작도 해야 되고 경마장도 가고 포커도 쳐야 되고 바빠 죽겠는데, 뭐가 TV에서 저녁에 바둑도 봐야 되고 중국영화도 보고 요새 재미있는 거 많잖아요. 밖에 나가면 술집에서 여기저기에서 오라고 하고요. 〈한국보건사회연구원 보고서 중〉

스웨덴의 1인 가구 비율은 전체의 48%(2010년 기준)를 넘어섰다. 수도인 스톡홀름은 1인 가구가 무려 60%에 이른다. 하지만 복지제도가 최고인 이곳에서 '고독사'와 같은 사회적인 문제는 찾아보기 어렵다고 한다. 사회적 안전장치가 그만큼 잘되어 있기 때문이다. 하지만 우리나라의 경우는 그 상황이 조금 다르다. 고독사의 문제가 사회적인 문제로 점차 고착화되고 있기 때문이다.

KBS가 조사한 자료에 따르면, 2013년 우리나라에서 발생한 고독사는 1717건이었다. 이 가운데 나이 70대의 노인층이 9.1%로 그 비중이 상대적으로 적었던 반면, 50대가 29%로 가장 많았으며, 40대는 17%, 30대 이하도 6.2%에 달한다는 충격적인 사실이 밝혀졌다. 모두 혼자 사는 사람들의 이야기다.

특이한 점은 과거의 고독사가 65세 이상인 독거노인에게 많이 나타났지만 최근에는 수입이 적든 많든, 나이가 많든 그렇지 않든 간에, 그 대상을 가리지 않고 나타나고 있다는 점이다.

"거기 누구 없소?" 처음부터 외로운 사람은 없다. 혼자 사는 사람들에게 가장 필요한 것은 함께 얘기할 수 있는 누군가다. 기쁠 때나 슬플 때 말할 수 있는 사람이 없다는 것만큼 슬픈 일은 없다. 지금 이 시간에도 누군가는 소리 없이 외친다. "제발 나 좀 살려주세요." 〈국민일보/2014.10.4〉

고독사 문제가 사회적인 문제로 대두된 만큼 이를 방지하기 위한 제도적 마련이 시급하다. 하지만 제도 마련과 정착에는 많은 시간과 노력, 그리고 사회적 협조가 필요하다. 따라서 속도가 느릴 수밖에 없다. 그렇다면 언제까지 기다려야만 할 것인가? 아니다. 비즈니스 관점으로 보면 해법은 쉽게 찾을 수 있다. 정부가 쉽게 하지 못하는 부분을 비즈니스맨들이 나서면 해결 속도가 빨라질 수 있다.

서울 성동구의 한 교회에서는 10여 년 동안 '365일 우유 안부 캠페인'을 벌이고 있다. 혼자 사는 노인에게 매일 우유를 보내 안부를 묻는다는 것인데, 배달한 우유가 사라지지 않고 쌓이게 되면 곧바로 교회로 연락되는 시스템이다. 이 사례는 봉사를 기반으로 한 순수한 아이디어와 캠페인이다. 그런데 비즈니스적인 관점에서 접근해 의료비를 줄이고 고독사를 막고 있는 사례가 있다.

바로 일본의 노인요양 서비스업이다

세계에서 가장 고령화가 빨리 진행되고 있는 나라로 알려진 일본은 2050년에는 전체인구 중 39%가 노인으로 구성될 전망이다. 〈국제전략문제연구소 2007.3〉

일본은 노인이 많기 때문에 의료비 또한 기하급수적으로 들어가고 있는데 일본경제신문의 보도(2014.8.27)에 따르면, 2013년 국민들이 사용한 의료비가 39조 3천억 엔으로 전년 대비 약2.2%가 증가했고, 그 가운데 20조 엔이 노인 의료비로 사용되었다고 한다. 그리고 75세 이상자의 연간 사용 의료비는 92만 엔으로, 74세 이하자보다도 4배나 높은 것으로 나타났다. 지난 1997년 일본 후생성에서 발표한 자료만 보더라도, 지난 10여 년간 노인 의료비가 얼마나 증가했는지를 알 수 있다. 특히 베이비붐 세대가 75세가 되는 2025년은 일본의 보건복지, 의료 환경에 일대 변혁이 일어날 시기로 판단한 일본의 정부 당국은, 1989년부터 고령노인 의료비 절감과 요양서비스 발전을 위해 고령자 보건복지추진 10개년 전략인 '골드플랜(Gold Plan)'을 가동했다. 또한 지난 1995년에는 '신골드플랜' 1999년에는 '골드플랜21'이라는 추가 정책을 수립해 진행해왔다.

일본의 국민의료비와 노인 의료비의 추이

	국민의료비 (兆엔)	노인의료비 (兆엔)	국민의료비/국민소득 (%)	노인의료비/국민의료비 (%)
1985	16.0	4.1	6.2	25.4
1990	20.6	5.9	6.0	28.8
1995	27.0	8.9	7.	33.1
1997	29.2	10.3	7.5	35.0
1999	30.1	11.2	7.9	37.0
2025	90.0	60.0	13-14	66.7

자료: 일본국 후생성(1999)

일본의 나라 시에서는 지역 내 서민 노인이 모여 살게 하는 한편으로, 식사를 제공하는 케어하우스를 마련했다. 이것은 서민형 임대주택으로, 일종의 그룹홈이라고도 불린다. 이곳은 독거노인들의 개인생활을 존중하면서 식사와 목욕서비스를 제공한다. 건강과 의료지원을 위해서는 지역 내에 병원으로부터 방문 간호나 방문 재활 서비스를 받을 수 있다. 이 시설을 이용하는 노인 중 식사를 하러 오지 않거나 기타 서비스 이용을 하지 않는 노인은 즉각 관계기관에 통보되어 고독사 여부를 체크할 수 있다.

그런데 이와 같은 케어하우스가 일본에서는 현재 한창 인기를 끌고 있다고 한다. 전국에 걸쳐 4천여 개소가 운영되고 있다고 하니 그 인기를 짐작할 만하다. 그런데 서민형 임대주택임에도 불구하고 많은 사업가가 투자에 뛰어든 이유는 보험수가가 다른 수가보다 훨씬 좋기 때문이다. 기업으로 치면 영업이익률이 높다는 뜻이다. 일본 정부가 2025년을 기준으로 두고 비용이 많이 발생하는 현재의 개호 보험서비스 형태를 줄여가는 데에 방침을 세우면서, 예산 절감 효과가 큰 재택형 간호재활 서비스를 강조하고 관련 산업과 시설을 지원하고 나섰기 때문이다. 병원이나 요양시설에서 지내면서 치료를 받거나 간병을 받는 것이 국민 전체 의료비 가운데 큰 비중을 차지하고 있으며, 고령화가 확대되면서 그 비율이 더욱 증가하고 있어 국가가 나서서 해결책을 모색하고 있는 것이다. 이를 위해 가정형 케어서비스가 집중적으로 육성되고 있다.

또한 노인 의료비가 이미 감당하기 힘든 정도가 된 일본은 요양보험을 억제하고 줄이기 위한 방법으로 유료서비스가 포함된 주택을 확대하고 있으며, 정부도 그 지원금을 늘리고 있다. 1인 1실당 100만 엔의 보조금을 지원되자 입실 희망자가 늘게 되었고 덩달아 서비스형 주택건설이 붐을 일으키고 있다.

일본에서는 이미 2000년대부터 고독사가 사회 문제로 부각됐다. 독거노인은 물론 40·50대 장년층까지 고독사가 번지면서 '무연사회(無緣社會)'에 대한 경계감이 커졌다 〈국민일보/2014.11.13〉

　하지만 우리나라는 이 문제에 대해서는 불안한 모습을 보이고 있다. 노인 요양시설에 대한 법적인 가이드라인이 불명확한 상태에서 우리나라의 고령화 속도가 일본을 따라잡고 있다. 노인의 문제는 사회의 문제인양 치부되는 것이 보통이다. 고령의 노인과 독거노인이 처한 현실을 풀기 위한 비즈니스적인 접근보다는 정치적인 배경을 의식한 접근만이 이뤄지고 있다.

　일본보다 약 20여 년 뒤늦게 비슷한 인구고령화의 길을 가고 있는 우리로서는 일본의 현재 모습을 주의 깊게 살펴야 필요가 있다. 앞선 사람이 간 길을 잘 살피면 그만큼의 시행착오가 줄어들기 때문이다. 비즈니스적인 관점에서도 마찬가지다. 독거노인과 고령의 노인의 요양서비스 차원에서 현재 일본에서 일고 있는 변화를 잘 살핀다면 노인 관련 산업의 성장이 그만큼 더 빨라질 것이다. 또한 발 빠르게 대처하고 받아들인 사람은 그만큼의 혜택을 더 그리고 빨리 가져갈 수 있다.

　우리나라의 고령화는 전 세계적으로 유래가 없을 정도로 빠르게 진행되고 있다고 한다. 2013년 우리나라 전체인구 중 65세 이상 고령 인구가 차지하는 비중이 12.2%로 나타났다. 하지만 2030년에는 24.3%, 2040

년에는 32.3%까지 높아질 전망이다. 2014년 현재 국내에 거주하고 있는 100세 이상 노인의 수도 1만 5천여 명으로 5년 전에 비해 6배 이상 늘었다고 한다. 그런데 100세 이상의 노인들 중 대부분은 독거노인이다.

안전행정부의 주민등록 인구통계 자료에 따르면, 올 9월 기준으로 100세 이상 인구는 1만 4792명이다. 100세 인구가 1만 명을 넘어선 것은 2010년이 처음이다. 2008년 2335명, 2009년 2599명에서 2010년 1만 1130명으로 급증한 후 2011년 1만 1634명, 2012년 1만 2657명, 2013년 1만 3793명으로 꾸준히 증가하고 있다. 〈이데일리/2014.10.6〉

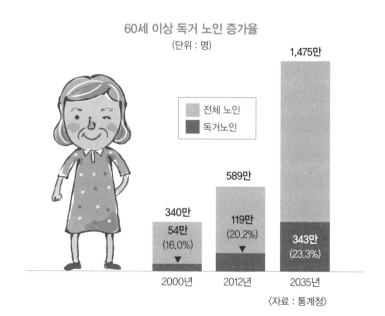

60세 이상 독거 노인 증가율
(단위 : 명)

전체 노인
독거노인

1,475만

589만

340만

54만
(16.0%)

119만
(20.2%)

343만
(23.3%)

2000년   2012년   2035년

〈자료 : 통계청〉

사랑스러운 손자를 위해 호주머니 속 깊이 감춰둔 돈을 꺼내는 노인의 시대는 이미 지나갔다. 자신을 위해 소비하는 노인들이 경제를 뒷받침하고 있다. 게다가 사별이나 이혼율의 증가로 독거노인 가구도 늘고 있다. 동종 집단이 늘어나면서 이와 관련된 산업 또한 커지고 있다. 독거노인이 죽음보다도 두려워하는 것이 있다. 바로 건강이다.

죽음은 어느 정도 예견된 것으로 굳이 두려워할 필요가 없다. 누구나 죽기 때문이다. 하지만 건강은 누구에게나 주어진 것은 아니다. 건강하게 살다 죽을 수도 있고 건강하지 않게 살다 죽을 수도 있다. 때문에 노인들에게 건강은 죽음을 맞이할 때까지는 항상 따라다니는 관심사다. 독거노인의 경우엔 더욱더 그럴 수 있다.

솔로 이코노미의 시작

위로와 연대 속에서

1인 가구에 화려함만 있는 것은 아니다. 고소득을 올리며 안정되고 여유 있는 삶을 즐기는 즐거운 왕따 들이 있는 반면, 어둠속에서 혼자 괴로워하는 사람들도 많다. 그중 가장 문제가 되는 것이 우울증이다. 지난 2010년 경기도 가족여성연구원이 도내 남녀 1인 가구원 600명을 대상으로 조사한 결과, 이들의 평균 월 소득이 185만 원이었는데 자발적으로 1인 가구를 선택한 사람은 61%였다. 특이한 점은 30.5%가 심각한 우울증을 경험했고 이 가운데 5.3%는 자살 충동도 자주 느끼는 것으로 나타났다. 우울증은 마음의 감기로 불리는 질환이다. 그만큼 소리 없이 다가와 인간을 괴롭히는 감기처럼 우리의 정신세계도 힘들게 하는 무서운 병이다.

우리나라 1인 가구의 소비지출은 2010년 60조 원에서 2020년에는 120조 원으로 늘어날 것이라는 보고서가 발표됐다. 특히 오락, 문화 서비스, 가정용품과 가사서비스업 등에서 1인 가구의 소비지출이 4인 가구의 지출에 육박하고 있다. 최근 함께 사는 것에 대해 불편함을 느껴 혼자 사는 사람들이 늘고 있다. 하지만 인간이기에 혼자 살고 있지만 역설적으로 '사람과의 만남'을 지향한다.

카카오톡이나 페이스북과 같은 소셜네트워크서비스(SNS)가 더욱 확장되는 모습을 보면, '사람과의 만남'이 오히려 더 두드러진다는 표현이 더 적절해 보인다. 이런 측면에서 혼자 살지만 함께하길 원하는 사람들을 위한 '위로산업'이 뜨고 있다.

지난 2013년 국내 한 소셜커머스 업체는, '싱글 여행족'을 겨냥한 여행 상품을 출시했다. 업계 최초로 20~30대 솔로인 남녀를 대상으로 한 '짝' 여행 상품을 선보였다. 비슷한 시기 TV프로그램에서 인기를 끌었던 '짝'이라는 프로그램을 벤치마킹한 것이다. 결과는 기대 이상이었다. 상품을 출시한 이후 이벤트가 20여 차례 진행되는 동안, 이 상품에 8천여 명의 소비자가 참여하는 기록을 세운 것이다. 또한 일반 여행상품보다 최고 5배 이상의 판매고가 달성되었다.

아웃도어를 바탕으로 하는 또 다른 방식의 '솔로여행'도 보편화되고 있다. 이에 따라 관련 제품의 매출도 증가하고 있는데 주 5일 근무제는 이런 추세에 기름을 부은 격이다. 혼자서 산행을 즐기는 사람들이 늘면서

'1인용 텐트'의 판매가 늘었다.

중고자동차 가격을 호가하는 자전거를 타고 혼자서 여행하는 마니아들 때문에 자전거 산업도 호황기를 누리고 있다. 자전거가 잘 팔리니 부속품이나 액세서리도 잘 팔린다. 자신과 1인칭 시점에서 바라본 세상을 촬영하기 위한 소형 캠코더와 카메라 부속장비들도 불티나게 판매되고 있다. 요즘 TV 등에서 쉽게 볼 수 있는 헬멧부착 소형카메라가 그것이다.

위로산업은 혼자 사는 사람들이 중심으로 새로운 문화를 만들어가는 곳에서도 볼 수 있다. 소셜다이닝이라는 새로운 친목문화가 1인 가구를 중심으로 전개되고 있는데, 소셜다이닝은 말 그대로 온라인 커뮤니티에서 만난 사람들이 맛집과 카페 등 한 장소를 정해 함께 식사 하며 어울리는 소셜네트워크 모임이다. 1인 가구들이 어색함을 버리고 함께 먹어보자는 뜻에서 출발했는데, 대중적인 문화로 자리잡아가자 소셜다이닝을 위해 모인 사람들에게 손님이 많지 않은 월요일 같은 날에 장소를 대여해주는 카페도 등장하고 있다.

소셜다이닝도 엄밀히 말하면 위로산업이다. 혼자 먹기 외롭고 불편한 사람들이 함께 모여 즐겁게 식사를 할 수 있는 계기를 만들어 주기 때문이다. 이미 소셜다이닝을 전문으로 하는 업체가 등장했고 이를 중심으로 소셜다이닝을 경험하는 1인 가구와 젊은 세대들이 증가하고 있다. 밥을 먹는다는 것은 배고픔을 해결하거나 영양 공급을 위한 수단만은 아니다. 밥을 먹으며 함께 공감하고 대화할 수 있다는 것, 서로의 부족함을 채워줄 수 있다는 것이 소셜다이닝의 매력이다.

독거노인과 관련된 위로산업도 앞으로 우리가 주목해야 할 비즈니스 영역이다.

일본의 경우엔 이미 혼자 사는 노인들을 위해 가정을 방문해 노인들과 이야기 나누고 생활에 불편한 것들을 없애주는 유료 방문서비스가 새로운 비즈니스로 떠오르고 있다. 영등포구의 '독거노인 원스톱 지원센터'의 경우 지역 내 독거노인을 대상으로 주거와 생활실태를 점검하고 노인들이 필요한 서비스를 제공하는 '노인 돌보미' 서비스를 제공하고 있다.

이불을 빨아주거나 식사를 챙겨드리는 일, 말벗이 되어 주는 일 등이 진행되고 있다. 하지만 정책이 바뀌거나 예산이 부족하면 한순간에 바뀌거나 없어질 수 있다. 위로산업으로 발전하기엔 한계가 있다. 따라서 꾸준한 서비스가 이뤄지기 위해서는 민간이 참여하는 유료형 복지 서비스가 정착되어야 한다. 이것이 정착되면 진정한 위로산업으로 성장하는 계기가 될 것이다.

기본적인 의식주 문제를 떠나서 독거노인들도 남은 인생을 멋지고 알차게 보낼 권리가 있다. 따라서 사회는 이를 충족시켜줄 시스템을 마련해야 한다. 이를 주도할 주체는 정부도 개인도 아닌, 기업이 될 확률이 높다. 고령화 사회는 우리에게 커다란 부담과 숙제를 안겨주고 있지만 새롭게 떠오르는 거대한 시장이기도 하다. 그렇기 때문에 이들을 위한 위로산업도 더욱 주목해야 하는 산업 중 하나다.

스낵컬쳐, 어디서 팔죠?

스낵컬쳐는 스마트폰 시대가 꽃이 피고 다양한 미디어 환경에 둘러싸인 사람들이 늘어나면서 만들어진 신조어다. 10분 내에 즐길 수 있는 문화콘텐츠를 스낵컬쳐(snack culture)라고 하는데, '과자를 먹듯 짧은 시간에 문화콘텐츠를 소비'한다는 뜻을 담고 있다. 1인 가구의 증가는 이러한 스낵컬쳐 산업에 불을 지피고 있다. 24시간 동안 한시도 빠짐없이 내 몸 주위에서 떠나지 않는 스마트폰은 첨단화된 IT기술로 고화질의 모바일 영상을 언제든지 제공할 수 있다. 따라서 출퇴근 시간이나 점심시간 등 자투리 시간을 통해 스낵컬쳐를 즐기는 사람들이 늘고 있는 것이다.

대표적인 스낵컬쳐로는, 웹상에서 구현되는 동영상 콘텐츠가 있다.

만화, 즉 웹툰이나 웹드라마도 같은 맥락이다. 특히 웹툰을 원작으로 한 영화가 히트를 치면서 웹툰 산업은 최근 몇 년 사이 크게 성장했다. 폭발적인 인기를 끌었던 웹툰 〈미생〉은 모 포털사이트에서 10분짜리 영화로 제작되면서 역시 큰 인기를 끌었다.

스낵컬쳐 산업의 가능성을 보여준 사례다. 웹드라마도 점점 비중을 넓혀가고 있다. SNS드라마로도 불리기도 하는 웹드라마는 교보생명이 제작한 〈러브인 메모리즈〉가 그 시작이며, 각 기업들을 중심으로 활발하게 제작되고 있다.

국내 유명 동영상 플레이어 업체인 곰TV의 경우, 방송 프로그램의 하이라이트만 모아 '3분 TV' 서비스를 제공하고 있다. 지난 2014년 4월에 비해서 7월에는 50% 이상 상승했으며, U+HDTV에서 지난 4월 선보인 〈대박영상〉은 출시 한 달 만에 조회 수 600만 건을 기록하기도 했다. 이는 이런 콘텐츠를 보고 즐기는 유저들이 있었기에 가능한 일이다. 그리고 그 유저들의 중심엔 1인 가구가 있다.

문화체육관광부는 지난 2013년 조사를 통해, 2014 문화예술트렌드 중에 간편하게 즐길 수 있는 문화영상 콘텐츠가 더욱 유행할 것으로 전망했는데 그 배경으로는, 1인 가구가 급증하면서 개인의 시청 습관과 선호도 등이 바뀌었기 때문으로 분석했다.

TV의 경우 '독신남녀, 기러기아빠, 고령화 등 1인 가구의 급격한 증가'로 인해 "TV

매체와 콘텐츠에도 개인맞춤형을 선호하는 분위기"가 만들어져 "'개인'을 타깃으로 한 주제별 프로그램이 연이어 등장"할 것으로 전망됐다. 이미 방송가에는 〈나혼자 산다〉,〈식샤를 합시다〉와 같은 싱글족을 위한 프로그램이나 남성 중심의 콘텐츠로 구성된 〈푸른거탑〉, 〈진짜사나이〉 등이 인기를 끌고 있는데 이런 경향성은 더욱 확대될 것으로 보인다. 〈미디어뉴스/2014.1.2〉

1인 가구는 스낵컬처를 만들어내고 있고 스낵컬처형 트렌드는 1인 가구를 다시 관련된 동호회나 문화예술 모임 등으로 끌어들이고 있다. 개인의 취미에서 비롯되었지만, 짧고 간결하게 그리고 간편하게 즐길 수 있는 문화 기반의 소모임이 왕성한 활동을 보이고 있다. 예를 들면, 신촌과 홍대, 강남 등을 중심으로 활발한 동호회를 꾸리고 있는 스윙댄스 모임을 들 수 있다. 스윙댄스는 기존의 살사댄스나 스포츠댄스와 같이 화려하거나 장시간의 기술 습득이 필요하지 않으며, 몇 시간만 배우면 파트너와 가볍게 즐길 정도로 쉽고 편한 춤이다. 스낵컬처로서 손색이 없는 콘텐츠인 셈이다. 이런 편안함과 간편함이 솔로 남녀들을 한 곳으로 모으는 역할을 하고 있으며, 관련 산업도 그와 더불어 성장하고 있다.

솔로 이코노미의 시작

재테크? 1:1로 맞춰드립니다

최근 1인 가구가 증가하면서 금융가에도 변화의 바람이 불고 있다. 대형 금융사는 몸집을 키우는 대신, 1:1 자산운용 관리 컨설턴트를 키우기 시작했다. 다인 가구에서 1인 가구 형태로 변화하면서 금융가도 전략을 바꾸고 있는 것이다. 특히 1인 가구를 위한 전문 컨설턴트가 생기면서 앞으로는 영업점의 규모가 점차 축소될 것으로 전망되고 있다. 1직원 1점포의 시대도 가능하다는 얘기도 나오고 있다. 이런 시대가 오면 비즈니스 환경도 비슷하게 변화할 것으로 전망된다. 사업장의 규모가 작아지면서 1인 가구를 향한 상품이 다양하게 개발될 것이다. 특히 결혼하지 않은 솔로들과 이혼한 돌싱들, 그리고 사별한 후 혼자 사는 독거인, 독거노인들을 위한 금융상품이 다양하게 늘어날 것이다. 혼자살기에 최고의 관심사는 자신의 건강과 자신의 노후다. 이를 위해 준비해야 할 것은 무엇보다도 돈이다. 그렇기 때문에 그들을 위해 전문적으로 컨설팅해줄 전문가가 더 많이 필요하게 되고 1인 가구만을 위한 전용 금융상품도 더불어 날개 짓을 펼칠 것이다.

KB금융연구소에서 1인 가구가 금융산업에 미칠 영향에 대해 발표한 조사에 따르면, 경제활동을 하고 있는 1인 가구 중 연소득 4천만 원 이상인 고소득 가구가 8.2%(약 13만 가구)이며 고소득 1인 가구 평균 소득은 약 6천만 원, 평균 자산은 3.6억 원인 것으로 조사됐다. 또한 고소득 1인 가구 중에 30~50대의 비율은 80%가 넘는 것으로 나타났다. 특히 고소득 싱글 여성들이 늘어나면서 금융시장은 이들 여성 고객을 잡기 위해 전담부서를 신설하는 노력도 다양하게 펼치고 있다. 특히 여성을 대상으로 하는 만큼 보험회사가 금융상품을 적극적으로 개발해 제시하고 있는데, AXA 생명보험의 경우엔 '여자의 인생을 응원하는 사업단'까지 발족해 싱글 여성이 불안해하는 질병인 암과 이로 인한 휴직 및 수입 감소위험을 보장하는 'AXA 소득보장암보험' 출시하기도 했다. 보험업계가 고소득 여성에게 주목했다면 카드업계는 고소득 남성에게 주목하고 있다. 그동안 지갑 여는 것에 인색했던 남성이 자신을 위한 소비경향이 강해지자, 카드업계도 이에 맞는 맞춤형 신용카드를 출시한 것이다.

1인 가구와 관련해 함께 주목해야 하는 분야가 있다. 바로 노인과 관련된 산업이다.

요즘 노인들에게는 본인보다 자식과 손자손녀를 위해 돈을 지출하는 일은 과거의 일이 되었다. 그들도 이제는 자신을 꾸미고 자신의 취미생활을 위해 과감하게 소비한다. 돈 없으면 자식에게 대우받지 못한다는 의식이 강해지면서 가능한 오랫동안 자신의 재산을 지키기 위해 노력하기 시작했다. 이러다 보니 노인들의 재산을 지켜줄 금융산업이 발전할 수밖에 없는 환경이 됐다.

일본의 경우에, 노인 1인 가구는 국가에서 지급되는 고액의 연금 덕분에 여유 있는 생활을 하고 있고 금융기관의 중요한 마케팅 대상이 되고 있다. 인구형태학적으로 현재의 일본에서 20년 후의 우리 모습을 볼 수 있다. 이 말은 현재의 일본을 보면 우리의 미래를 예측할 수 있다는 것이다. 1인 가구를 대상으로 한 금융 산업이 현재는 소규모로 이뤄지고 있는데, 일본을 보면 우리나라에서 1인 가구와 관련된 금융 산업이 활발해지는 것은 그리 먼 미래가 아닐 것으로 보인다.

이미 시작된 이야기이며 우리 주변에서 벌어지고 있는 이야기다. 아직 눈에 띄게 비즈니스가 이뤄지는 것이 아니기에 우리가 크게 인지하지 못할 뿐이다. 하지만 1인 가구를 향한 금융 비즈니스는 수 년 내 크게 성장할 것으로 전망된다. 이 분야를 선도해 나갈 전문가들이 지금도 새로운 전략과 상품을 구상하는 데에 많은 시간을 보내고 있다.

개팔자가 상팔자,
개를 위한 TV도 비즈니스다

솔로로 생활한 지 5년 차인 홍서희(30세, 가명) 씨는 요즘 출근길이 부담스럽지 않다. 그동안 혼자 지내는 외로움을 달래기 위해 키우기 시작했던 애완견 미미와 직장 출근으로 헤어지는 것이 아침마다 전쟁이었는데, 도그TV를 시청할 수 있게 되면서 아침이별이 훨씬 수월해졌기 때문이다. 개를 위한 전용 케이블TV는 비록 화면이긴 하지만 함께 뛰어놀고 함께 짖어댈 수 있는 친구를 소개하기 때문에 TV를 보고 꼬리치며 노는 모습에 서희 씨는 흐뭇하다.

혼자 사는 가구, 혹은 부부만 사는 가구가 늘어나면서 전 세계적으로 반려동물 시장이 급속도로 성장하고 있다. 혼자 사는 외로움을 달래 주는 데는 꼭 사람이 있을 필요가 없기 때문이다. 애완동물이 사람의 역할을 100% 대신할 수는 없지만 반려동물이라 부를 정도로 애완동물의 위치와 역할은 그 어느 때보다 커지고 있다. 이로 인해 국내 애완동물 관련 지출은 1인 가구에서 2인 가구보다 69%나 높게 나타났다. 특히 싱글 여성의 경우엔 2인 가구 부부가 소비한 전체 금액보다도 큰 것으로 조사됐다.

2014년 8월 27일 발표한 통계청 자료에 따르면, 가계의 월평균 '애완동물 관련물품' 소비액이 2009년 2분기 1494원에서 2014년 2분기에는 3051원으로 104.2% 급증했다. 5년 만에 2배로 늘어난 것이다. 가계소득이 같은 시기 329만 6000원에서 415만 2000원으로 26.0% 늘어난 것과 비교하면 그 증가폭이 크다.

반려동물을 키우는 국내 인구가 1천만 시대로 접어들면서 관련 시장도 성장을 거듭하고 있는데, 업계에서는 현재 약 2조 원 가량인 시장규모가 2020년에는 6조 원 규모로 3배 이상 성장할 것으로 전망하고 있다.

동물은 인간의 역사와 함께 오랜 시간 동안 공존해 왔다. 가장 주된 목적은 인간의 부족한 식량을 대신하는 대체식량으로서 가축이라는 이름으로 사육되어 왔다. 한 지붕 아래 함께 살면서도 언젠가는 인간의 식량으로 대신하게 될 운명을 지닌 존재였고, 개나 고양이의 경우엔 집을 지키거나 쥐를 잡는 등, 오직 인간을 위한 임무를 맡고 살아왔다. 하지만 시대는 바뀌고 가구구조의 변화로 인해 동물과 함께 하는 인간의 삶의 방식도 변화했다. 가축에서 애완동물로 그리고 반려동물로 인간을 향한

동물의 지위는 지속적으로 높아졌다. 가지고 놀다가 쉽게 버릴 수 있는 장난감이 아닌 희로애락을 함께하는 가족 같은 존재로 그들의 지위는 격상된 것이다. 특히 1~2인 가구가 증가하면서 공허함과 쓸쓸함을 채워주는 소중한 친구이자 가족으로 그들은 자리를 잡아갔다.

개를 위한 TV의 등장도 이 같은 사회적 분위기를 잘 반영하는 것으로서, 1인 가구 증가를 비즈니스 기회로 활용한 대표적인 사례다.

도그TV는 이스라엘 자스민 그룹의 계열사인 PTV미디어가 2010년에 처음으로 개국한 방송사다. 집에 홀로 남겨진 애완견들이 사람과 마찬가지로 외로움을 타고 있고 심지어는 우울증까지 겪고 있다는 점을 착안해서, 개를 위한 TV를 기획되어 개 심리학자와 행동전문가들이 참여해 3년간의 연구로 탄생됐다. 국내에는 2014년 2월부터 방송되어 6개월 만에 가입자 1만 명을 넘기는 기록을 달성했다. 월정액 8천 원을 내야 볼 수 있는 유료채널임에도 가입자들의 반응이 좋다는 것은 그만큼 성공 확률이 높다는 것이다. 또한 시청자 타깃이 특수하고 고정적이기 때문에 이 프로그램에 주목하는 관련 업체들도 늘고 있는 상황이다.

이 채널의 주요 시청자는 집에 애완견을 혼자 남겨둘 수밖에 없는 1인 가구들이 대부분이다. 이들은 혼자 있을 자신의 애완견을 위해 일반 TV라도 틀어놓고 출근했던 젊은 남녀들이었다. 자신의 반려자나 마찬가지인 애완견을 위해 무언가를 해주고 싶은 주인들의 심리를 도그TV 관계자는 잘 파악한 것이다.

1인 가구는 '잘' 사는 것이 무엇인지 알고 있다. 과거의 솔로가 아닌 미래지향적 솔로들이 대세를 이뤄간다. 지갑을 열기가 수월한 계층도 1인 가구다. 그들의 관심사항을 잘 살피면 비즈니스가 보인다. 애완 산업도 이런 관점에서 봐야 한다. 얼마 전 반려동물 전용물이 국내 최초로 출시돼 특허를 받기도 했다. 물 입자를 나노 크기로 줄여 소화와 흡수율을 높였고 피부병에도 효능이 있다고 한다. 개를 위한 보험과 카드상품도 조만간 대세로 자리 잡아갈지 모른다. 반려동물을 위한 헬스장과 호텔 등이 외국에선 이미 성업 중이다. 특히 홍콩에서는 개와 함께 탈 수 있는 버스까지 등장했다고 한다.

세계적인 소프라노이자 솔로인 조수미가 반려견 신디의 여권을 공개한 가운데 그 용도에 관심이 쏠리고 있다. 〈라디오스타〉에 출연한 조수미는 스튜디오에 반려견 통키를 데리고 나와 각별한 애정을 드러냈다. 조수미는 파란색 표지의 개 여권을 펼쳐 보이며 "전 세계적으로 개들은 검역이 있다. 검역 사실을 여권으로 증명한다"며, "개 여권이 있어야 비행기도 타고 각 나라에 들어갈 수 있다"고 설명했다. 〈한국경제TV/2013.9.12〉

에필로그

'가족'이라는 의미는 '남편과 아내, 그리고 부모와 아이들'이 포함된 의미였다. 하지만 이런 의미는 이제 과거의 옛이야기가 되어가고 있다. '같이'보다는 '혼자'가 더 가치 있고 편안한 삶으로 인식되고 있다. 한 언론사가 '독신자를 하나의 가족으로 볼 수 있느냐'라는 물음을 던졌는데, 전체 세대의 22%가 '그렇다'라고 답한 사실이 우리 사회의 인식이 그만큼 변했다는 것을 증명하고 있다.

결혼 적령기가 늦춰지면서 결혼에 대해 그리 다급할 것이 없다는 인식이 강해지는 반면, 이혼이 그리 부끄럽지 않은 세상이 되었다. 혼자 사는 사람들을 위한 제품과 서비스 등이 쏟아져 나오면서 혼자 사는 사람들은 생활하는 데에 불편을 느끼지 못한다. 혼자만의 공간인 '치타델레'(Zitadelle, 성채)를 꿈꾸는 솔로들이 늘어나고 있고 그들의 손에는 세상과 언제든 소통할 수 있는 강력한 기구인 스마트폰이 쥐어져 있으며, 본인이 원하면 언제 어디서든 손쉽게 세상과 소통한다.

소형화, 간편함, 합리화 등으로 정리되는 1인 가구들이 주도적인 인구 형태로 자리 잡아가면서 이를 향한 비즈니스의 물결도 거세게 다가오고 있다. 과연 그 파도를 앉아서 기다릴 것인지, 달려들어 힘차게 뛰어 넘을 것인지, 판단은 독자의 몫이다. 하지만 분명한 것은, 그 어느 누구도 1인 가구의 영향력에서 자유롭지 못할 것이라는 점이다. 1인 가구, 솔로, 혹은 싱글로 표현되는 혼자 사는 사람은 새로운 세상을 만들어가는 '신인류(新人類)'로 정의된다. 자발적으로 혼자 사는 삶의 길을 걸어가지만 그 방식이 결코 궁색하거나 외로워 보이지 않는다. 오히려 자유롭고, 합리적이며 활기를 띤다. 그동안 3~4인으로 구성된 가구를 대상으로 비즈니스를 벌여온 기업들이 1~2인으로 구성된 가구를 관심 있게 지켜보고 그들의 소비에 주목하고 있다. 발 빠른 기업은 1인 가구의 소비성향에 맞춘 상품들을 출시하면서 새롭게 등장한 블루오션 시장을 점거해가고 있다. 연간 50조 원으로 추산되는 1인 가구 소비시장이 빠르게 달려가고 있다.

'아프리카에서 태양이 떠오르면 가젤은 뛰기 시작한다. 사자의 점심식사가 될 수 있기 때문이다. 아프리카에서 태양이 떠오르면 사자도 뛰기 시작한다. 가젤을 잡지 못할 경우 굶어죽기 때문이다.' 〈에릭카플란/『5분동기부여』 저자〉

기업은 1인 가구의 트렌드를 분석해 자사 제품을 변형시켰다.

큰 것은 작게, 복잡한 것은 단순하면서도 효율은 높게, 그리고 불안감을 잠재우기 위해 안전성 있는 제품을 출시했다. 단순한 구색 맞추기가 아닌 제대로 된 제품을 공급하기 시작했다. 시장의 소비를 주도하는 주체에 대한 재해석이 이루어진 것이다

'작고(Small), 간편하고(Simple), 빠르게(Speedy)'라는 콘셉트로 무장한 제품이 인기를 끌면서 유통업계에 지각변동이 일고 있다. 2012년 국내 편의점 매출은 10조 4천억 원으로, 전년 대비 19.8%가 증가했다는 조사도 있다. 집과 가까운 곳에서 간편하고 빠르게 소비하려는 1인 가구의 욕구에 편의점이 부합했기 때문이다. 이제 1인 가구, 솔로와 관계된 '솔로 이코노미'의 전성시대가 온 것이다. 그야말로 불이 붙었다고 해도 과언이 아닐 정도로 관련 산업은 무섭게 성장하고 있다.

21세기 이전의 우리나라는 '가족 중심'의 소비에 초점을 맞춘 제품들이 주로 출시되었다. 당연한 일이었다. 여러 명의 가족이 거주하기 위해 점점 더 큰 집을 찾아 이사를 다녀야 했고 주 5일 근무제가 정착되면서

체험학습과 가족여행이 보편화되어 RV차량이 그 자리를 대신하기 전까지는 중형 세단이 '우리 가족의 첫 차'였다. 다양한 식품과 음식, 그리고 생활용품 등 생활에 필요한 모든 것들은 가족용으로 만들어져 유통되어 왔다. 혹자는 이를 두고 Mass(덩어리) 산업이라고 칭하기도 했다. 즉, 나의 것이 아닌 모두의 것으로 우리 생활은 꾸려졌던 것이다. 하지만 현재는 덩어리 산업이 분절화되고 있다. 가족의 구성원이 한 명씩 떨어져 독립함으로써 덩어리 산업은 창고의 한 구석으로 밀려나는 모양새다.

업 체	싱글족이 선호하는 1인 베스트 상품
이마트	990 야채, 16㎝ 후라이팬, 14㎝ 편수냄비, 미니 삼겹살 구이팬, 바로 먹는 사과와 포도, 껍질째 바로 먹는 슬라이스 등 미니 과일 조각
홈플러스	라면포트, 1인용 밥솥, 토스터, 샌드위치 메이커, 미니 세탁기와 50ℓ 미니냉장고
롯데마트	초이스엘 컷팅 파인애플(600g), 초이스엘 모둠채소 샐러드, 초이스엘 의정부식 부대찌개
CU편의점	더블BIG요일정식 도시락, 반찬 도시락, 감자와 양파 등 990원 소포장 야채, 가정간편식 10종, 미소 된장국 등 1인용 컵국, 다이소 특화상품
GS홈쇼핑	휴롬, 필립스 에어프라이머, 소다스트림

〈자료: 아시아경제 2012.11.6 기사〉

지난 2014년 11월11일, 보건복지부의 한 고위 관계자가, "심각한 저출산을 막기 위해 솔로들에게 싱글세를 부과할 수도 있다"라는 발언을 해 거센 논란이 일자, "싱글세 등과 같이 페널티를 부과하는 방안은 전혀

검토하고 있지 않으며, 싱글세는 저출산 문제의 심각성을 표현한 말이 잘못 전달된 것"이라고 해명하는 해프닝이 있었다. 정부 해명으로 싱글세에 대한 논쟁은 일단락됐지만, 정부도 1인 가구의 급격한 증가에 따른 사회적 문제를 인식하고 있다는 점을 잘 알려준 사건이었다.

싱글세는 2005년 1~2인 가구를 대상으로 세금을 걷어 저출산 대책 재원으로 사용하겠다는 방안이 추진됐지만 사회적 반발에 가로막혀 취소된 바 있다. 이 제도가 시행된다면 일정한 나이가 넘어도 결혼하지 않은 사람이나 결혼 후 아이가 없는 부부 등이 과세 대상이 될 수 있다. 〈헤럴드경제/2014.11.12〉

덩어리 산업을 주도했던 기업들도 분절화된 산업으로 빠르게 이동하고 있다. 소비의 중심이 이동하고 있기 때문이다. 4인 가구도 3인 가구로, 3인 가구는 1~2인 가구로 빠르게 분절화되고 있다. 혼자 하는 소비가 3~4인 가구에 포함된 1인의 소비보다도 높게 나타나고 있다. 이제 혼자 산다는 것은 더 이상 외롭고 괴로운 일이 아닌 시대가 됐다. 오히려 사회적 트렌드로 정착하고 있다. 자발적으로 혼자 사는 것을 받아들이는 사람이 늘고 있으며 그들의 소비를 지켜보고 따라가는 기업들이 늘고 있다. 따라서 혼자인 이들을 향해 더 이상 외톨이나 왕따로 불러선 안 된다. 자신만의 생활을 영위하는 즐거운 왕따들이 나홀로 경제학을 그려가고 있다.

〈1인 가구 관련 자료 – 참고서적〉

고잉 솔로 싱글턴이 온다 / 에릭 클라이넨버그 지음, 안진이 옮김 (2013)

나 혼자도 잘 산다 / 이상화 지음(2013)

혼자 산다는 것에 대하여 / 노명우 지음(2013)

무연사회 '혼자 살다 혼자 죽는 사회' / NHK무연사회 프로젝트팀

싱글리즘 : 나는 미혼이 아니다 나는 싱글 벙글이다 / 벨라 드파울로 지음(2012)

누구와도 함께할 수 없는 나만의 행복찾기 / 사라 밴 브레스닉 지음, 신승미 옮김

1인 가구와 원룸 · 도시형 생활주택 / 이영행 지음(2010)

가족구조 변화에 따른 정책적 함의 / 한국보건사회연구원 (2012)

〈1인 가구 관련 자료 – 뉴스〉

1인 가구 급증, 싱글족 겨냥… 냉동식품 속속 등장 [아시아경제/2014.10.5]

1인 가구 공동거주 함께주택의 신나는 실험 [허핑턴포스트/2014.10.9]

컵밥시장 싱글벙글… 1인 가구 맞벌이 증가 영향 [파이낸셜뉴스/2014.10.12]

1, 2인 가구 대세, 소비 패러다임이 바뀐다 [Life & Style/2014.4.2]

결혼 꼭 안해도 돼… 1인 가구 급증 [뉴스토마토/2014.9.26]

1인 가구가 늘수록 발달하는 공동체적 삶 [오마이뉴스/2014.3.19]

선진국의 1인 가구 [서울신문/2014.7.5]

1인 가구 증가… 이젠 캠코더도 1인칭 시점 [ZDNet Korea/2014.7.11]

하반기 '라이프스타일숍' 들의 전쟁이 시작된다 [브릿지경제/2014.10.14]

"비혼은 외롭고 비참하다?"… 비혼 여성 위한 지침서 [서울경제/2014.10.16]

'나 혼자 산다' 1인 가구 급증, '솔로 이코노미' 수혜주는? [헤럴드경제/2014.10.13]

숫자로 보는 1인 가구 [허핑턴포스트/2014.9.22]

늘어나는 1인 가구, 결혼 제도 어떻게 변할까 [베이비뉴스/2014.6.5]

세종시 거주가구 ⅓이 1인 가구… 2만 1천명 타지서 전입 [연합뉴스/2014.5.30]

나 혼자 사는 1인 가구를 위한 추천앱 [앱스토리매거진/2014.10.9]

'나 혼자' 사는 1인 가구 소비 지형 바꾼다 [동아닷컴/2014.3]

日 퇴근길 나홀로 건배族 급증… '1인용 술집' 인기몰이 [한국경제/2014.3.10]

싱글족 잡아라… 외식업계, 1인 맞춤 마케팅 활발 [메트로/2014.2.27]

1인 가구 시대의 TV [경향신문/2014.2.21]

'집, 먹거리, 전자제품도 1인 가구로 간다' [노컷뉴스/2014.2.22]

1인 가구 증가에 소형 주방가전 호호 [서울경제/2014.2.23]

꼬지사께, 1인 가구 시대에 대처하는 방법 [머니투데이/2014.2.26]

2월은 1인 가구 제품 날개 단 달 [중앙일보/2014.2.24]

대형마트, 1인 가구 관련 상품 매출 증가 [서울파이낸스/2014.2.24]

CU 1인 가구 맞춤형 상품 '라면친구 계란' 출시 [서울경제/2014.3.3]

이케아 15분거리에 대형직매장 오픈… 한샘 "가구공룡, 제대로 붙어보자" [쿠키뉴스/2014.3.6]

싱가포르, 1인 가구 20년 만에 3배 이상 급증 [연합뉴스/2014.3.3]

산사춘, 1인 가구 증가에 '소셜다이닝 마케팅' 참여 [뉴스웨이/2014.3.4]

'꾸러미 마을'… 1인 가구 5가족 살 수 있죠 [서울신문/2014.3.6]

'더 간편하게, 더 작게' 1인 가구 잡기…불꽃 튀는 '먹거리 전쟁' [스포츠경향/2014.3.4]

1인 가구 증가에 미니사이즈 생활용품 뜬다 [헤럴드경제/2014.3.6]

1인 가구 위한 '자취생활에 도움 되는 앱'은 무엇? [머니투데이/2014.3.10]

1인 가구의 외로움… 이렇게 하면 친구초대도 가능 [오마이뉴스/2014.3.8]

1인 가구 · 맞벌이 여성 늘며 햇반 등 쌀가공식품 소비↑ [아주경제/2014.3.10]

"1인 가구 절반이상, 칩거 · 기본 생활비 과도 부담" [연합뉴스/2014.3.10]

예능도 1인 가구 시대… 브라운관을 불들이다 [MBN/2014.3.6]

나홀로족 외로움도 즐기지만 돈 있어야 우아해져 [뉴스토마토/2013.7.22]

솔로 경제의 명암, 양과 값이 반… 情도 절반 [뉴스토마토/2013.7.23]

신사의 품격 꿈꾸지만 현실에선 기초연금 수령자 [뉴스토마토/2013.7.24]

4인 가구 중심 사회경제시스템… 이젠 바꿔야 [뉴스토마토/2013.7.25]

혼자라서 행복하신가요… 1인 가구의 명암 [뉴스토마토/2013.7.25]

솔로 이코노미로 변하는 외식시장… 레토르트도 인기 [한국경제TV/2013.5.31]

유통메가 트렌드… 특명 "나홀로 손님을 붙잡아라" [한국경제/2013.7.17]

유통메가 트렌드… 도시락, 1인용밥솥, 나홀로 여행까지 [한국경제/2013.7.18]

1인 가구 타깃 창업 인기 [MK뉴스/2013.12.11]

'나혼자 산다'로 보는 솔로 이코노미 [위키트리/2013.12.4]

자유로운 영혼… 경제력 있는 독신 잡아라 [이투데이/2013.7.17]

작아야 산다… 동부대우전자 일본 뚫었다 [이코노믹리뷰/2013.12.23]

샤브샤브집도 스시집도 벌써 "웰컴, 솔로손님" [노컷뉴스/2013.11.29]

캠핑도 싱글족이 트렌드 [TV리포트/2013.10.4]

나홀로족 마음을 훔쳐라 [주간경향/2013.8.13]

골드미스,골드미스터… 우아한 나홀로족 금융상품 봇물 [이투데이/2013.10.2]

단언컨대 독거노인도 솔로다 [노컷뉴스/2013.10.25]

고객맞춤형 오피스텔 인기 고공행진 [건설타임즈/2013.7.6]

홀로에 익숙한 시대… 김난도 교수가 말하는 솔로 이코노미 [SBSCNBC/2013.3.23]

솔로 이코노미 시대 대비해야 한다 [이코노믹리뷰/2013.3.6]

바야흐로 솔로 이코노미 - 고독 [중앙선데이/2013.1.27]

20대 직장인 이소라 씨의 하루 [아주경제/2013.3.20]

소녀시대? 이제는 싱글시대 [이코노믹리뷰/2012.11.2]

고잉 솔로 싱글턴이 온다… 국내 출간 [전자신문/2013.1.18]

고잉솔로의 클라이넨버그 인터뷰 [조선비즈/2013.1.11]

싱글슈머를 위한 S마케팅이 대세다 [아크로판/2012.12.31]

〈1인 가구 관련 자료 – 블로그〉

1인 가구, 가족의 개념을 리셋하다 http://blog.daum.net/bcs55/16653713

'신뢰'와 '위로'가 필요한 1인 가구 시대 '위로 산업, 안심 서비스'가 뜬다!
http://blog.naver.com/mocienews/100192250289

나 혼자 즐기고 산다! – 1인 가구 시대의 새로운 생활과 문화
http://www.kbstory.com/14719/

늘어나는 1인 가구, '싱글족'들을 위한 제도는 무엇일까?
http://blog.daum.net/korea_brand/2020

1인 가구가 몰려온다 http://blog.daum.net/nhicblog/2002

급부상하고 있는 1인 가구의 소비트랜드
http://mailplug.tistory.com/483?srchid=BR1http://mailplug.tistory.com/483

1인 가구 증가가 농식품 소비에 미치는 영향
http://blog.naver.com/choijk571101/30184093439

나혼자 산다. 솔로 이코노미
http://www.lgislove.co.kr/frnt/postView.dev?post_id=531

솔로 이코노미에 대한 이해
http://kktown.blog.me/150147179922

1인 가구 증가와 실태 알아볼까요?
http://blog.naver.com/lobloblove/220079676774

불황기 일본 소비자 트렌드의 변화
http://kktown.blog.me/150172165557

혼자살기와 함께살기의 재구성 - 고잉솔로 1인 가구 시대를 읽어라

http://arthurjung.tistory.com/258

싱글에 대한 편견을 깨다

http://calamis.tistory.com/212

1인 가구 증가가 고독사회를 만든다고?

http://gotothefar.tistory.com/195?srchid=BR1http://gotothefar.tistory.com/195

〈연구자료〉

서울시 1, 2인 가구의 거주실태

http://www.si.re.kr/node/45996

역동적인 100세 사회, 어떻게 만들어야 하나?

1인 가구 증가가 소비지출에 미치는 영향 분석

http://www.kiet.re.kr/kiet_web/?sub_num=12&state=view&idx=42919

솔로 이코노미 성장과 금융산업 - KB금융지주 경영연구소

1인 가구 증가가 소비지형도를 바꾼다 - LG경제연구원